英語授業デザインマニュアル

Yamaoka Taiki　　Tagashira Kenji

山岡大基・田頭憲二

編著

大修館書店

ま えがき

『英語授業デザインマニュアル』

　これが，本書のタイトルです。

　英語授業をつくり，行う上では，まずはそのデザインについて考える必要があります。では，皆さんは，どのようなデザインを基に日々の英語授業を行っているでしょうか。もしかしたら，中学校や高等学校で自らが英語学習者として受けた英語授業の流れを踏襲しているでしょうか。しかし，授業を受ける側としての学習者と，授業を行う立場としての教師では英語授業の見方は異なるはずです。

　本書は，授業づくりを行う上で必要な英語授業デザインにあたって，大切な視点を紹介しています。特に，これから教育実習へと行く学生や，毎日の英語授業に悩んでいる英語教員を対象とした基本的なマニュアルを企図しました。中学校・高等学校の英語授業の作り方を，教材研究から指導案作成，教具の準備，生徒対応，そして評価という実際の日々の実務の流れに沿って学ぶことができます。まずは与えられた教材を見て，そこから何を，どのように教えることができるかを考えた上で，目の前の生徒の実情に合わせて授業を組み立てる，という授業デザインをする際に考えるプロセスに沿った構成となっています。そのため，読者の皆さんには，始めから最後まで順にお読みいただくことで，私たちと一緒に授業デザインを考える経験をしていただけると思います。

　私たちの生徒たちにとって，昨日よりも今日，より良い英語授業を作るきっかけとなれば幸いです。

2022 年 12 月

執筆者代表

田頭憲二

英語授業づくりのロードマップ（本書の構成）

　1回の英語授業をどのように作るか。「学習者にどのような力をつけたいか目標を定め，そこから逆向き設計（backward designing）で…」というのが「模範解答」でしょうか。これは，まさに王道です。授業とは授業者が意図を持って学習者を導く場である以上，当然のことであるとも言えます。

　しかし，やっかいなことに，その「目標」は，最初から明確に与えられているわけではありません。学校であれば学習指導要領が大きな目標を示してはいますが，それがそのまま目の前の学習者や教材に当てはまるわけではありません。個別の学習者や教材に応じて，より具体的な目標に落としこむ必要があります。そして，その落としこみには専門的な技量が求められます。若手教師がベテラン教師の授業を見ると，同じ教材を扱っていても「そんな高度なことまで教えることができるのか！」と驚嘆することがあります。授業者の技量次第で，学習者が到達できるゴールすら変わってくるのです。

　そういった技量はある種「職人芸」の側面があり，教壇に立つ場数を踏むうちに自然と「勘所」がわかってくるところがあります。しかし，経験の浅い教師や教育実習生でも，目の前の授業は，自分がどうにかしてやり遂げねばなりません。「場数を踏んでから」などと呑気なことは言っていられません。

　そこで，本書は，ベテラン教師の「勘所」をできる限り言語化し，目の前の授業づくりに活かしてもらえる「マニュアル」を提供することを目指しました。**第1部**「**英語授業を作る**」は，まさにその中核部分。最初から4技能5領域のどこかに特化するのではなく，まずは教材と向き合い，何を教えることができるのか掘り出すことから始めます。各章の内容は以下の通りです。

第1章「**教材研究 Plan**」：目の前に教材がある。その教材のどこを見れば教えるべき内容を掘り出すことができるのか。また，掘り出した内容をどう整理すれば授業につなげることができるのか。

第2章「**授業準備 Prepare**」：教材研究で掘り出した内容を，どのように処理すれば授業の形にまとめることができるのか。学習者にどのように提示するのか。

第3章「**授業 Do**」：実際に学習者の前に立つ。そこで，どのような技術を用いれば授業を成立させることができるのか。ここまでは，ビギナー向けです。

最低限，授業を成立させることができたら，次は，その中身を充実させる段階です。それが，**第2部「英語授業を深める」**です。

第4章「教材研究を深める」：第1章を踏まえて，さらに教材のテクスト・タイプや指導したい技能に合わせて教材研究をより精緻に行う視点とは。

第5章「授業準備を深める」：第2章を踏まえて，学習者の思考を深めるには，どのように働きかけるとよいか。

第6章「授業を深める」：第3章を踏まえて，学習者にどのように英語を練習させるか。特に，日常の授業で反復・継続できる学習活動とは。ここまで来れば，いちおう「脱ビギナー」といったところでしょうか。

第3部「英語授業を磨く」は，少々ビギナーの手には余るかもしれないけれど，いずれ中堅となっていくにつれて自立して対応しなければならないことがらを扱っています。この章は特に学校での英語教育を想定しています。

第7章「学校種別の特徴と接続」：小学校からの開始で英語を学習する期間が以前よりも長くなっている中，学校種間をどのように円滑に接続するか。

第8章「多様な生徒に対応する」：近年，その特性が広く知られるようになってきた発達障害や，教室にいる多様な個性を持った生徒にどう対応すべきか。

第9章「アクティブ・ラーニング（主体的・対話的で深い学び）」：学校教育全体の課題として掲げられている「アクティブ・ラーニング（主体的・対話的で深い学び）」を，英語授業の中で，どう具体的に実現するか。

第10章「動機づけ・振り返り（リフレクション）・評価」：授業中だけでなく，授業の前後も含めた英語学習のプロセス全体を，いかに充実させるか。

当然ながら，本書1冊ですべてがカバーできるわけではありません。しかし，以上の内容を身につければ，英語授業を作る力・見る力はずいぶんと向上するでしょう。

なお，コラム「英語教師のキャリアパス」では，教育実習から熟練期まで，それぞれの段階で英語教師としてどんな景色が見えるのかを先輩教師たちに語ってもらいました。いずれ自分にも同じような景色が見えるだろうか，と想像しながらお読みください。

目次

【編著者】

山岡 大基（やまおか たいき）

（第1章第1〜3節，第2章第7節，第3章第7・8節，あとがき）

広島大学附属中・高等学校教諭，県立広島大学非常勤講師（英語科教育法）。滋賀県立安曇川高等学校，広島大学附属福山中・高等学校を経て現職。

主な著書は，単著では『英語ライティングの原理原則』（テイエス企画），共著では『英語で教える英文法』（卯城祐司（編著），研究社），*A New Approach to English Pedagogical Grammar*（Tajino, Akira, ed., Routledge），『中等英語科教育』（卯城祐司・樫葉みつ子（編著），協同出版），『コーパス・クラウン総合英語』（井上永幸（監修）・和泉爾（編著），三省堂），『4達人が語る！至極の英語授業づくり＆活動アイデア』（奥住桂・上山晋平・宮崎貴弘・山岡大基（著），明治図書）など。

田頭 憲二（たがしら けんじ）

（まえがき，第1章第4節，第10章第1・2節）

東京家政大学准教授。広島県立皆実高等学校，広島大学外国語教育研究センターを経て現職。

専門は，教室内第二言語習得。*Here We Go!*（光村図書）編集委員。

【執筆者】（50音順）　※所属は執筆時

井長　洋	（広島大学附属中・高等学校）	第5章第1〜4節，コラム4	
小野　章	（広島大学）	第4章第1〜3節	
樫葉　みつ子	（広島大学）	第8章第1〜4節，コラム7	
加藤　賢一	（広島県立安芸府中高等学校）	第9章第1〜4節，コラム6	
川野　泰崇	（大分工業高等専門学校）	第4章第4・5節，第7〜9節	
小橋　雅彦	（ノートルダム清心女子大学）	第10章第3〜6節，コラム5	
篠村　恭子	（島根大学）	第6章第1〜5節，第7章第1・2節	
千菊　基司	（広島大学附属福山中・高等学校）	第4章第6節，第7章第3〜5節	
瀧口　真己	（尾道市立久保中学校）	コラム1	
中本　大輔	（広島県立広島商業高等学校）	第1章第8節，第3章第1〜4節，コラム3	
西原　貴之	（広島大学）	第1章第6・7節，第2章第8節	
西村　浩一	（上宮学園中学校・上宮高等学校）	第2章第3〜6節	
久松　功周	（広島大学附属中・高等学校）	第1章第5節，第2章第1・2節，第3章第5・6節，コラム2	
村田　修	（広島県立安芸府中高等学校）	第6章第6〜10節	

英語授業デザインマニュアル

第 **1** 部

英語授業を作る

第1章

教材研究　Plan

第**1**節　初読する

　どんな英文も「教材」として見ると，純粋な読者として読むのは難しいものです。しかし，それでも，最初はなるべく授業のことを考えずに読んでみて，自分が，いち読者・いち学習者として感じる共感や違和感などを大切にしたいものです。場合によっては，原文を教材化するために言葉を端折った結果，意味がわかりづらくなっている表現や，単純に自分が知らない表現と出会うこともあります。その時に自分が感じる「わからなさ」は，そのまま学習者の「わからなさ」でもありますので，決して軽視できるものではありません。

1. 具体的な情景を思い浮かべる

　教科書の英文を例に，初読の様子を具体的に見ていきましょう。

〈状況〉日本の中学校に通う Tina, Hajin, Eri の会話。3 人の出身はそれぞれアメリカ・韓国・日本。(*Here We Go! ENGLISH COURSE 2* Unit 3, 光村図書)

Tina：Do you have any plans for the summer, guys?

Hajin：I'm going to stay here. I have a basketball tournament.

Eri：　I'm going to visit my cousins in Okinawa. How about you, Tina?
　　　　What are you going to do?

Tina：I'm going to stay with my grandparents in New York.

- Tina はなぜ夏休みの話題を出したのかな?
- Hajin はバスケ大好き少年だから，この答えは予想通りだな。
- Eri が How about you? って Tina に聞いてあげているな。Tina がこの話題を始めた意図を何か感じて，話させてあげようとしているのかな等

　このように書いてあることをもとに，書いていない部分も含めて想像を膨らませながら読んでいることがわかります。極端な言い方をすれば，今，自分が読んだ，その読み方を学習者が共有できるのが，1 つの理想です。

2. 音読してみる

　範読の練習ではなくて，英文の1つ1つの部分に集中し，まだ気がついていないことがないか探すために音読してみます。例えば，この教材例では，次のようなことに気がつきます。

- 前置詞 for, in, with や不定詞の to は弱形で読まないと文全体のリズムが崩れる。
- Hajin の言葉は，文末ではなく stay と basketball でイントネーションを動かした方が自然だろう。
- Eri の What are you going to do? では，you を強調すると良いかも。

実際，音読してみると，黙読の時には気づかなかった英文の特徴に気づくことはよくあります。スムーズに音読しづらい箇所は，何が原因で読みにくくなるのかを考えてみると，新たな発見があるかもしれません（e.g. 非標準的な構文，見慣れない語句，内容語と機能語の配列，等）。

　また，できれば読む速さやイントネーションの明確さなど読み方を変えながら何度か繰り返してみて，自分なりに最も良いと思える読み方を探してみると，モデル音声と自分の読み方を比較できるので，より有意義です。

3. モデル音声を聞いてみる

　教科書の指導用音声など，ネイティブ・スピーカーによるモデル音声があれば，聞いてみましょう。このとき，注目（注耳？）するのは，リズムやイントネーション，ポーズの位置や長さなどです。ナレーターにも個人差はありますが，標準的な読み方として，ある程度の質が保証されていると考えられます。授業では，モデル音声の音源をそのまま学習者に聞かせるだけでなく，授業者が，ポーズを入れたりスピードを調節したりしながら範読して聞かせる場面も多くあります。ですから，モデル音声を通じて標準的な読み方を知っておくことは，そのまま授業準備にもつながります。

　ただし，モデル音声を唯一の「正解」と捉える必要はありません。リズムやイントネーションに変化を加えながら表情豊かな読み方をするのが適している教材であっても，モデル音声では，あえて抑えて，学習用に中立的な読み方をしている場合が少なくありません。そのような場合には，むしろ，モデル音声を学習者に聞かせたうえで，「この文章にもっと適した

読み方をしてみよう」という活動を仕掛けることもできます。

4. 英文を書き写してみる

「読む」「聞く」と来たら，次は「書く」です。教材の英文を視写してみましょう。普通の文章を書き写すことなど，日常ではほとんどないでしょうが，試しにやってみましょう。気づいたことや調べたことを教材に直接書き込むのも良いですが，一度，授業用ノートなどに英文を書き写してみると，いろいろなことに気がつきます。例えば，次のようなことです。

- plans は複数形，summer は冠詞付きで the summer となっている。
- <u>a</u>ny, pl<u>a</u>n, basketb<u>a</u>ll では，a の文字で違う発音を表している。
- I <u>have</u> a basketball tournament. ここでは be going to を使っていない。
- stay <u>with</u> my grandparents となっている。日本語的発想では at と言ってしまいそう。
- cousins は，ou の文字と音の対応が難しい。

スペリングも，書いてみるとつまずきやすい部分に気がつきます。例えば，t<u>ou</u>rnament, c<u>ou</u>sin, ab<u>ou</u>t という語にはそれぞれ ou が含まれますが，発音はすべて違います。読むだけだと見逃しがちですが，実際に手を動かしてみると，「音と文字の対応関係が難しいかな？」といった思いが自然と頭をよぎります。また，教材の分量を直感的に把握することもできます。

その意味では，ワープロソフト上でキーボード入力していくよりは，手書きで書き写した方が得られるものは多いかもしれません。多くの場合，学習者は手書きでノートを取ったりテストに解答したりするわけですから，授業者も手書きしてみるほうが，少しでも学習者の立場に近づいて考えることができるのではないでしょうか。

5. 教材をリアルなコミュニケーションとして想像してみる

教材の英文を，最初から「どうやって教えようか？」という目で見ていると，その英語がコミュニケーションのために使われていることを忘れてしまいがちです。そうならないために，もう一度，**1.** に戻ります。そして，「自分が教材の登場人物だったら？　登場人物の会話を横で聞いている人だったら？」と想像してみましょう。そして，「自分だったらどう言

うだろうか？」と考えてみてください。すると，「読者」の立場では見えなかった，教材の中の世界がリアルに見えてくるでしょう。

　例えば，Hajin は I'm going to stay here. と言っています。なぜわざわざこの 1 文を言っているのでしょうか？　I have a basketball tournament. だけでも言いたいことは伝わるのでは？　実は先行する Unit 1 で，春休み中に韓国に里帰りした話が出ています。それを踏まえると，（今回は韓国には帰らず）stay here という意味であることがわかり，特に stay の重みが伝わります（文法的には，be going to と現在形（have）という 2 つの未来表現が含まれるという，教材としての意図も感じられる部分ではあります）。

　また，Eri は沖縄のいとこを訪ねると言いながら，その話題を掘り下げることなく，すぐに How about you, Tina？と Tina に会話のターンを預けています。いとこの人物像や沖縄での予定などを話してもおかしくない文脈ですが，自分の話は横に置いて Tina に話させてあげようとしているのが気になります。Tina はアメリカに里帰りするのが楽しみで，その話をしたくて夏休みの話題を持ち出した。そんなふうに Eri は考えたのかもしれません。

　ここまできたら，教材の登場人物の言葉が，単なる英語のサンプルではなくて，生きている人間の生きている言葉に感じられてきませんか？

　このように，黙読，音読，視写といった複数のモードで教材の英文と出会い，そして，生きた人間のリアルな言葉として想像してみること。それが教材研究の第一歩です。経験を積めば，この段階ですでにいろいろなことに気づき，授業の構想が半分くらい出来上がっていることもあります。しかし，慣れないうちは，とりあえず，いろいろな角度から教材に触れてみるという程度でかまいません。「どう教えるか？」の前に「自分はこの英文をどのように経験したのか？」です。teacher である前に user として目の前の英文と向き合うことを大切にしてください。辞書などを使って精査するのは次の段階でかまいません。

（山岡大基）

☑まずは，授業のことは気にせず，教材を読んだり聞いたりしてみる。
☑教材をリアルなコミュニケーションとして想像する。

第**2**節　言語材料に着目する（**1**）（文字・語句・文）

1. 文字

　子どもが英語学習を始める時期や場所はさまざまです。それを集団として受け入れる学校などでは，個々の学習者がそれまでに英語とどのような付き合いをしてきたのかを踏まえて指導する必要があります。そこで悩ましいことの１つが文字指導です。

　もともと中学校以上の英語教育でも丁寧に指導されていたとはいえず，指導のノウハウは，一部の意識の高い指導者以外にはほとんど共有されていません。それに加えて，英語を表す文字との出会い方も学習者間で多様化してしまうと，自分が担当したときには，すでにそれぞれが我流の筆法を身につけてしまっていて，修正が難しいことになります。例えば，h か n か u か判別しがたい文字をテストで書いて採点上のトラブルになったり，いわゆる「筆記体」を使って著しく読みにくい英文を書いたりという問題が発生します。

　「文字ぐらい」と軽視せず，教材を文字指導の観点から眺めてみて，例えば学習者がどの語を書く時にどのような問題が発生しそうかを予測し，筆写させる文を選ぶといった配慮をすることが大切です。

　学習段階に沿っていえば，入門期には個々の文字の形を書き分ける練習が必要です。手書き文字の練習に使う，いわゆる「4 線」については，線と線の幅をどうするかが，すでに考えどころです。等間隔にした場合，例えば n と h のように高さの違う文字の区別はしやすくなりますが，a や b のような文字は，幅が狭くて書きづらくなります。そのため，現在では，3 つの間隔の比率を「4：5：4」「5：6：5」「5：9：5」のように，真ん中

等間隔の 4 線　　　　　　　　　中広の 4 線

を広めにした4線が広く使われるようになってきています。

　また，語や文を書くようになると，字と字の間，語と語の間のスペースを適切にコントロールする必要があります。「もうちょっと空けて，もうちょっとくっつけて」と言うのではなく，「語と語の間は，小文字oを1つ分（空ける）」のように具体的に指示してあげたいところです。

　文字指導については，書字だけでなく読字も大切です。例えば，プリントやスライドで使用する書体は，手書き文字に近いものが望ましいでしょう。大きな区別では，Century や Times New Roman のように，線の太さが一定でなかったり「セリフ（serif）」と呼ばれる飾りが線の端に付いていたりする書体（セリフ体）と，Arial や Helvetica のように線の太さが一定で飾りのない書体（サンセリフ体）があります。英語に十分なじんだ人にとっては装飾的な書体の方が見栄えが良く感じられるかもしれませんが，初学者にとっては読みにくい可能性があります。また，aやgなどは手書き文字とは異なる形をしていますので，学習者が見て写すのに適しません。また，Comic Sans や Segou UI は，手書きに近い，やわらかい見た目なのでプリントで使用する場合も多いようですが，手書きだと1画の文字が2画になっているなど，やはり，そのままお手本にするには難があります。このような問題点をクリアするには，パソコンにデフォルトで入っている書体ではなく，文字指導に適するように作られた書体をインストールするのが簡単です。比較的認知されてきたのはSassoon系で，これは，まさに文字指導のことを考えて作られた書体です。他にも，教育用に無償で提供されているものもありますので，積極的に活用したいものです。

Century	Times New Roman	Comic Sans	Segou UI	Sassoon Primary
a g p q y	a g p q y	a g p q y	a g p q y	a g p q y

2. 語句・文

　単語・熟語や構文といった言語材料の指導についていえば，まず単純に「量」の確保が前提になります。そのためには英和対照のリストで覚えるなど「力技」の学習活動も，ある程度は必要です。多くの表現が，少なく

とも「見たことがある」と思える状態になれば，覚えて使える段階にも近づきます。ただ，ここでは知識の「質」の方に目を向けて，そのために教材研究で何をするか考えてみます。

　言語材料に着目して教材研究をする場合の killer question は，「なぜ，他でもなくこの表現が選ばれているのか？」です。多くの場合，同じことを言い表すのにもいくつかの言い方が可能ですが，話し手・書き手はその都度，何か理由があってそのうちの 1 つを選んでいるわけです。その理由を考えることで，1 つ 1 つの言語材料の理解が深まります。例えば，「AI の進化」と題された次のような文章があります。

　AI technology has made great progress lately. It has become a part of our daily lives. For example, the Internet search engines use AI technology. Smartphones which respond to voice commands are common these days. Robots which automatically clean your house have become popular. These all use AI technology.

　Translation software also uses AI technology. It can come up with the best translation by using AI technology. It is becoming common. In the near future, AI will help us communicate with people all over the world quite easily.　　　　　　　　　　（*Here We Go! ENGLISH COURSE 3* Unit 4，光村図書）

　教材としてのターゲット項目は関係代名詞の which ですが，それ以外にも注目したいポイントがあります。例えば，時制について，現在完了形とその他の時制の使い分けが見られます。第 1 文は has made great progress という現在完了形です。これは，文章の冒頭で話題を導入するのによく使われるパターンではありますが，is making great progress という現在進行形ではいけないのでしょうか。第 2 パラグラフでは is becoming common と言っていますので，現在進行形でもよさそうな気がします。第 2 文も has become ですが，is ではだめでしょうか。実際，第 3・4 文は use, are という単純現在形になっています。そして，第 5 文は，また have become という現在完了形です。

　もちろん，これらは時制をでたらめに混ぜているわけではなくて，筆者が，その箇所では現在完了形が適切だと思うから現在完了形で表現しているわけです。では，現在完了形でなければならない理由とは？　そう考え

てみると，現在完了形の特性がより鮮明になるはずです。この文章では，「過去から現在への変化」や「過去と異なる現在の状態」をクローズアップする部分が現在完了形で表されており，いわば「過去を匂わせつつ，現在の話をする」ために現在完了形が使われていると言えそうです。

　また，ターゲット項目である関係代名詞についても，この文章での用例は，いわゆる2文結合の考え方が不適切であるのがよくわかるものになっています。例えば，Smartphones which respond to voice commands are common these days.を，Smartphones are common these days. They respond to voice commands.と2文に分解すると，意味が変わってしまいます。Robots which automatically clean your house have become popular. も同じで，Robots have become popular. They automatically clean your house. と分解すると，ロボットはみな家の掃除をすることになってしまいます。ここでは，関係詞の持つ，名詞（先行詞）を定義する，つまり，意味範囲を狭く限定する働きがよくわかります。既習事項だけでは言いたいことが表現できないため，関係代名詞という新しい「道具」を使う必然性が感じられるでしょう。

　次に，1つ1つの単語に目を向けてみます。第2文でa part of our **daily** lives と言っていますが，a part of our lives ではだめでしょうか。daily と限定する必然性は何でしょうか。また，smartphones については are **common** と言い，robots については have become **popular** と言っており，時制だけでなく形容詞も変えています。ここに何か意図はあるでしょうか。あるいは，最後の文は communicate と言っていますが，talk でないのはなぜでしょうか。

　さらに，この文章を，学習者が作文するときのモデルにすると想定すると，for example の使い方は注目したいところです。学習者が作文をすると，文頭で For example と言った後に名詞を列挙するだけで終わることが多いのですが，実際はこの例のように文を続けるのが普通です。これらさまざまなことを，この文章を通じて教えることができそうです。

（山岡大基）

☑文字（書体）という小さな単位にも気を配る。
☑「なぜ，他でもなくその表現が選ばれているか？」を考える。

第**3**節　言語材料に着目する（2）（パラグラフ・文章）

1. パラグラフ

　一定の長さがあり，内容のまとまりがある文章が教材である場合，文章でしか教えられない内容に着目することが重要です。例えば，旧課程の教科書に載っている文章に，次のような部分があります。

Pancreatic cancer is a nasty disease. Most patients with this disease are diagnosed too late and few survive after five years. This is mainly because detecting pancreatic cancer has been very difficult and often inaccurate.

Jack Andraka, an American high school student, had a close friend, Uncle Ted, who also died of the disease. Uncle Ted had been like his real uncle, and Jack really liked him giving good advice whenever Jack was in trouble. Uncle Ted used to say, "There is a better way," and would show him how to get out of problems.

（*Revised ELEMENT English Communication II* Lesson 3, 啓林館）

　言語材料のターゲットは「動名詞の意味上の主語」とされているのですが，それを教えるだけならば，必ずしもこれだけの文脈は必要ありません。では，このようなまとまりのある文章だからこそ教えられることは何でしょうか？

　まず，パラグラフという観点で見てみましょう。英語では段落を「パラグラフ（paragraph）」と呼び，これは日本語で言う「形式パラグラフ」と「意味パラグラフ」両方の性質を兼ね備えた単位です。一般的に，パラグラフの第 1 文は，「トピック（topic）」（＝そのパラグラフが何について述べるか）を示し，第 2 文以降でそのトピックについてより詳しく述べる（supporting details）とされています。そして，1 つのパラグラフでは 1 つのトピックについてのみ述べ，トピックが切り替わるところでパラグラフも改めるのが文章作法とされています。

　上の文章では，第 1 パラグラフ第 1 文は，Pancreatic cancer is a nasty disease. と述べています。nasty というだけでは意味があいまいですが，そ

れについては第 2 文以降で，診断が難しく 5 年生存率が低い，とより詳しく説明しています。第 2 パラグラフも同様に，第 1 文で Jack と Uncle Ted という人物を導入し，第 2 文以降で 2 人の関係について説明しています。トピックについては，第 1 パラグラフはすい臓がんについての一般的な情報を与えているのに対し，第 2 パラグラフは Jack Andraka という，この文章の主題となる具体的な個人について述べています。

このように，パラグラフ内部の内容的なまとまりと，パラグラフからパラグラフへのトピックの移行・切り替えに着目して文章を分析していくことができます。その分析を授業にどのように反映させるかは別の問題ですが，例えば，nasty という語の意味を，辞書の訳語を当てはめて理解するだけではなく，パラグラフ全体で述べられている内容を踏まえて，「この文脈でいう nasty とはどういう意味か」を考えさせるような指導が考えられます。

また，パラグラフ未満のまとまりについても，1 つ 1 つの英文が，他の文とどのような関係にあるかを把握することは，文章の理解において重要です。例えば，第 1 パラグラフには次のような部分があります。

Most patients with this disease are diagnosed too late and few survive after five years. **This is mainly because** detecting pancreatic cancer has been very difficult and often inaccurate.

ここでは，This is mainly because というディスコース・マーカー（discourse marker：その文の文脈上の役割や他の文との関係を明示する表現）を用いることで，2 つの文が「結果と理由」の関係であることが明示されています。

一方で，第 2 パラグラフの次の部分には，はっきりとしたディスコース・マーカーはありません。

Uncle Ted had been like his real uncle, and Jack really liked him giving good advice whenever Jack was in trouble. Uncle Ted used to say, "There is a better way," and would show him how to get out of problems.

内容を読むと，2 つの文が「抽象と具体」の関係にあり，2 つ目の文が「例示」であることがわかります。そのような視点で読めば，"There is a better way" が直接話法になっているところに，その関係性が表れていることに気がつきますが，for example などの明示的なディスコース・マーカーがある場合と比べると，2 文の関係性はわかりにくいといえます。

　授業においては，このように明示されていない文と文との関係を捉えさせたり，逆に，それが明示されていない理由を考えることから，文章の理解を深めたりするような指導が考えられます。この部分では，「この 2 つの文の間にディスコース・マーカーを補うとしたら何が入る？」と問うこともできますし，逆に，「なぜディスコース・マーカーがないのだろう？」と問うこともできます。後者の答えとしては，「関係性が自明だから」という考え方もあるでしょう。しかし，上に引用した部分だけでなく，この課の文章全体を読むと，"There is a better way" には，単なる例示には留まらない意味があることがわかります（Jack Andraka さんは，数々の困難に直面しながらも粘り強い姿勢でそれらを乗り越え，ついにはすい臓がんの早期診断を可能にする技術を開発します）。そのため，for example などと言ってしまうと，この言葉の重みが伝わらなくなってしまう恐れがあるので，「抽象と具体」の関係ではあるけれども，あえてディスコース・マーカーを使わずに 2 つの文を並べた，という可能性も考えられます。

　このように，1 つ 1 つの文を，語句や文構造といった文内部の要素から理解するだけでなく，その文がより大きな文脈の中で他の文とどのような関係を持っているのかに着目することで，文章の理解が深まります。

2. 文章

　パラグラフがいくつか集まってできるのが「文章（passage あるいは text）」です。パラグラフに構造があるように，文章にも構造があります。典型的なのは，説明文における「序論・本論・結論」といった 3 部構成でしょう。英語では Introduction–Body–Conclusion などと称することが多いかと思います。実は，こういった文章全体の構造については，日本語と英語で大きく異なるわけではありません。むしろ，説明文や物語文といったテクスト・タイプ（text type）による違いが大きいので，国語の知識も活かしながら，文章を分析すると良いでしょう。

　授業においては，そういった分析を踏まえて，「この文章はいくつの部分に分けることができる？」や，「序論・本論・結論に分けるとしたら，

どこで区切る？」といった問いを発することができます。そうすることで，1文1文の理解を積み上げるボトムアップ型の理解だけでなく，トップ・ダウン的に文章全体を捉える学びにつなげることができます。

3. 文脈の中での文法

　文法事項についても，文章の中でこそ，その特徴が浮かび上がる場合があります。例えば，時制については，第1パラグラフ最後の現在完了形 has been が目につきます。これ以前は現在形で，これ以降，つまり第2パラグラフは過去形になっています。まさに，現在と過去の橋渡しをする現在完了形の特性がよく表れている箇所で，文章の主題である Jack を登場させる「前振り」の役割を担う文となっています。

　このように見てくるとわかるように，第2節で killer question として示した「なぜ，他でもなくこの表現が選ばれているのか？」という問いは，文を超えた単位での教材研究を駆動する問いでもあることがわかります。1つ1つの文で，なぜその語句や文構造が選ばれているのかを検討するのと同様に，文と文の関係の示し方やパラグラフの構成の仕方，そして文章全体を構成するためのパラグラフの配列など，あらゆるレベルで「なぜ書き手・話し手は，他の言い方ではなくてこの言い方を選んだのだろう？」と問うてみると，教材のことがより深く理解できるはずです。

（山岡大基）

> ☑「文ではなく，文章だからこそ教えられることは何か？」を考える
> ☑「書かれていないこと」にも気を配る。

第**4**節　コミュニケーションにつなげる（音声）

　教材研究では，文字で書かれた教材を音声の面からとらえることも必要です。文字に表れない音声情報を想像してみると，教材をコミュニケーションにつなげる道筋が自然と見えてきます。

1. 物語文

　物語文では，通例，複数の人物が登場します。その人物らの発言に注目してみましょう。

〈『トム・ソーヤの冒険』の物語の一部。Tom が友人（Ben）に自宅の壁のペンキ塗りを自分に代わってやらせようと計画をしている場面〉

Ben Rogers soon appeared. He was eating an apple. He came close to Tom, and stopped. Tom continued his painting. He did not look at Ben.

Ben said, "Hello!" No answer. Tom moved his brush gently and looked at the result. Ben came nearer. Tom wanted the apple, but he did not turn from his work.

Ben said, "Hello, you have to work, right?" Tom turned suddenly. "Oh, Ben, is it you?　I didn't see you." "I'm going swimming," said Ben. "Do you want to go with me?　Or would you rather work?"

Tom said, "What do you mean?　Work?" "That is work," said Ben. "It may be work and it may not be," replied Tom. "But it is fine for Tom Saw-yer." "Do you mean that you enjoy it?" "Enjoy it?　Does a boy have a chance to paint a fence every day?"

Here was a new idea. Ben stopped eating his apple. Tom moved his brush—stepped away to look at the result—added a little paint here—and stepped away again. Ben watched. He was more and more interested. Then he said, "Tom, let me paint a little."

Tom thought. Then he said, "No, Ben. Aunt Polly wants this fence to be perfect. I must paint it very carefully. Not every boy can do it well." "Oh,

Tom, let me try. Only a little. I'll be careful. Tom, I'll give you part of my apple." "No, Ben. I'm afraid—" "I'll give you all of it."

　　Tom gave the brush to Ben slowly, but with joy in his heart. He sat under the tree and ate the apple. And he planned how to get more help.

　　　　　　　　（*Here We Go! ENGLISH COURSE 3* Let's Read more 3，光村図書）

　　この場面では，Tom と Ben という 2 人の人物が登場します。字面には表れていない実際の会話は，どのようなものだったか想像してみましょう。

　　まず，大事なことは，このような文章の場合，誰がどの発話をしたのかが明示されていない場合があるということです。この文章では，said やreplied で発話者を明示している部分もある一方で，以下の文は，いったいどちらの発話であったのかは明示されておらず，その内容に基づかなければ，特定することができません。

…. "But it is fine for Tom Sawyer." "Do you mean that you enjoy it?" "Enjoy? Does a boy have a chance to paint a fence every day?" (line 10–12)

ここでは，Tom が自分のことを指して Tom Sawyer と言っているわけですが，そういった気取った物の言い方や，それを聞いて意外な答えが返ってきたと興味をそそられた Ben の Do you mean …? という相手の意図を確認する発言を手がかりにして，どの発話が誰のものかを特定しなければなりません。

　　さて，登場人物の発話をそれぞれ特定したのちに，学習者にそれぞれの役割を練習させるとします。Tom 役と Ben 役に分かれて音読するわけですが，学習者はおそらく，この場面の会話を滑らかな発話で再現しようとするでしょう。しかし，実際の Tom と Ben の会話は，滑らかなものだったのでしょうか。上の英文を注意深く読むと次のようなことに気がつきます。

• Tom turned suddenly. "Oh, Ben, is it you? I didn't see you.
→Tom は，Ben の声掛けに突然振り返っていることから，驚き（Oh）とともに，"is it you?" のすぐ後に続けて "I didn't see you." と言ったのだろう。

• Ben stopped eating his apple. Tom moved his brush—stepped away to look at the result—added a little paint here—and stepped away again. Ben watched. He was more and more interested. Then he said, "Tom, let me paint a little."

→Ben の "Tom, let me paint a little" という発話の前に，Tom と Ben の行動が描写されている。したがって，Ben の発言の前には，2人とも言葉を発しない時間が流れていたはず。

• Tom thought. Then he said, "No, Ben. Aunt Polly wants this fence to be perfect. I must paint it very carefully. Not every boy can do it well."

→ここでは，Tom thought とあるので，Tom が考える（振りをする）沈黙の時間の後に，"No, Ben." という発言があった。

• "No, Ben. I'm afraid—" "I'll give you all of it."

→ここでは，Tom の発話を遮って，Ben が発話をしている。

こうしてみると，Tom と Ben の会話は，淀みなく進んだわけではなく，日常会話によくあるように，沈黙や相手の発言の遮りといった起伏を伴っていたであろうことがわかります。ロールプレイにおいては，学習者に，そういった起伏を読み取って再現するようにさせると，文字だけの教材でも音声でのコミュニケーションを意識させることができます。

2. 会話文

　一方，会話文の場合にはどうでしょうか。会話文においては，誰がどの発話をしたのかについては明示されています。一方で，suddenly 等のどのように発話がされたのかについての情報は書かれていないことが多いです。では，以下の会話を読んでみましょう。

〈友人たちが空港で，転校する Tina の見送りをしている場面〉

Tina: All the usual faces are here. I'm so happy!

Hajin: I can't believe you're leaving within an hour.

Eri:　Me, neither. I wish you weren't leaving.

Tina: I know. I wish I could stay. I will miss you guys so much.

Kota: Tina, here's something for you. Open it if you get bored on the plane.

Tina: Thanks, Kota. I will.

Hajin: Promise to keep in touch?

Tina : Of course, I will.

Kota : Have a safe trip! Don't forget us!

Tina : I won't ever forget you.

(*Here We Go! ENGLISH COURSE 3* Unit 8，光村図書)

　これは，友人たちが友達の見送りをしている空港の場面です。先ほどのように，この4人の発話も淀みなく進んでいくとは限りません。例えば，Hajin が "I can't believe you're leaving within an hour." と言った後，Eri は一瞬のポーズも置かずに，"Me, neither." と続けたのでしょうか。たとえば，Hajin の言葉を聞いて，何と返してよいかわからず寂しそうな表情を見せた Tina を見て，しみじみと同意を示す，ということはありそうです。また，逆に，それに続く Tina の "I know." は，通常のテンポで返答したのではなく，感情があふれて Eri の言葉にかぶせ気味に答え，"I know. I wish I could stay." と一気に言うということもあるかもしれません。さらに，Kota は，どのタイミングでプレゼントのことを切り出したのでしょう？

　これらのことは，実際その場面にいる登場人物でなければわかりません。しかし，大事なことは，このような会話文においても，単に書かれている英文を読み上げるというのではなく，実際の場面を想像し，リアルに再現してみようとすることです。

　特に，英語の得意な学習者の場合，英語を読むことに困難を感じないために，あまりにも滑らかに音声化してしまうことがあります。だからこそ，実際の場面や状況を想像することで，教材をより深く理解し，また実際のコミュニケーションに近づけた活動にするよう心がけたいものです。

(田頭憲二)

☑会話では，沈黙や相手の発話の遮断が起こることを理解しておく。
☑その場面や状況から，どのようにその発話がされたのか考え，音声化を行う。

第**5**節　教材内容を掘り下げる

1. 「教材内容を掘り下げる」とは

　唐突ですが，みなさんは上り坂は好きでしょうか。筆者は好きではありません。体力に自信がなく，すぐに息が切れてしまうからです。実は，東京ディズニーリゾートのエントランスは上り坂になっています。それも意図的に上り坂にしていると言われています。何も夢の国への入り口を上り坂にすることもないだろうに，と思いますが，上り坂を歩くことで心拍数を上げて入場までのドキドキ感を演出するため，と言われています。これを知った筆者は，さすがディズニーは違うと驚いた記憶があるのですが，教材研究の段階で教材内容を掘り下げるというのは，このような作り手の意図を読み取る作業と同じようなものだと言えます。つまり，教材の中の登場人物や，あるいは教材を作った筆者や編集者といった人たちの意図を探るわけです。その上で，表現がその意図にふさわしいものかどうかを吟味し，より意図に沿った表現を模索するために，教材に対して疑問を投げかけようとする姿勢が必要です。以下，そのような読み方の実例を見てみましょう。

2. 言語化されていない内容を言語化してみる

　以下は中学教科書の本文の例です。

〈状況〉インターネットで何かを調べている Chen に Aoi が話しかけている。

Aoi： Chen, what are you searching for?

Chen：I'm looking for a restaurant for Muslims. My friend in Singapore is going to visit Japan next month. <u>He is a Muslim.</u>

Aoi： Have you found a <u>good</u> restaurant yet?

Chen：Yes, I have. I've just found one near here.

　　　　　　　　　　（*BLUE SKY English Course 3* Unit 1，啓林館，下線は筆者による）

　この対話から下線部 He is Muslim. を取り除いたとしても，「友達が来るからいいレストランを探している」という内容で対話が成立するでしょう。では He is Muslim. と付け加えた Chen の意図はどういったものでしょうか。それは本文には書かれていませんが，"so he can't eat some food because of his faith." と言えるでしょう。したがって，下線部の good とは，単に「おいしい食事を出してくれる」という意味だけではなく，「ムスリムのお客さんが食べることのできる食事を提供してくれる」という意味も込められていることが読み取れます。この場面では，「ムスリムは教義によって食べられる食品が定められている」という知識を Aoi と Chen が共有している前提で対話が行われています。対話では，やり取りをしている当事者間において自明とされている内容などが省略されます。こういった省略された内容を推測して言語化してみることで，論理的な思考力を育成する指導につながります。

3. 言語の使用目的を設定・変えてみる

〈状況〉中学生の Kota が，広島での平和学習を終えて学んだことについて書いたレポート。

　Our trip to Hiroshima was a valuable experience for me. I learned a lot about the war and the tragic events of August 6, 1945. There I met a peace volunteer. She guides people around the sites of the atomic bombing. Though she wasn't a victim of the atomic bomb, she learned about the victims. The survivors of the atomic bomb are getting older year by year. She thinks we should pass their words on to the next generation.

　It's important for us to learn about the past. It's also important to think about creating a peaceful world. However, thinking about it is not enough. We must do something to change the world.

（*Here We Go! ENGLISH COURSE 3* Unit 3, 光村図書）

　第 1 パラグラフで経験を述べ，それに基づいた考えを第 2 パラグラフで述べるという構成の文章です。では，この文章の目的と場面を「経験と学んだことをまとめるレポート」から，「過去から学ぶことの重要さを他者に伝えるスピーチ」に変えてみましょう。そうすると，内容の妥当性は

どうなるでしょうか。第 1 パラグラフで，Kota が出会った peace volunteer がどんな経験をし，何を考えたのかを述べるだけでは不十分で，このレポートの筆者である Kota 自身が何を考えたのかを具体的に書く必要があるでしょう。例えば，"I have learned that I have to make efforts to learn about terrible events in the world. I really hope for peace but I haven't thought about how to realize it and haven't done anything. I can't take necessary measures without learning what happened in the past." といった内容があると，第 2 パラグラフが Kota 自身の主張として説得力が増すのではないでしょうか。

　教科書には言語の使用場面が設定されていることは多いのですが，言語の使用目的が明確に設定されていることは多くありません。そこで，教材研究をする側がその目的を設定したり変更したりすることで，教材内容に対する新たな視点が得られ，それが教材内容を掘り下げることにもつながります。

4．既習の課を踏まえてみる

　教材研究を行うときは，差し迫っている授業で扱う箇所だけについ目がいきがちですが，既に授業で扱った Part や Lesson（Unit）の内容と関連付けてみると，教材の理解が深まることが良くあります。以下は *Here We Go! English Course 3*（光村図書）の Unit 構成です。

Unit 1　School Life Around the World
Unit 2　Our School Trip
Unit 3　Lessons From Hiroshima
Unit 4　AI Technology and Language
Unit 5　Plastic Waste
Unit 6　The Chorus Contest
Unit 7　Tina's Speech
Unit 8　Goodbye, Tina

　登場人物である本町中学校の生徒たちが，調べ学習や修学旅行，発表活動や合唱コンクールといった中学生になじみ深い活動を経験した後，登場

人物の１人でアメリカ出身の Tina が日本を離れる，というストーリーになっています。そのストーリーの終盤の Unit 8 の Part 2 に以下のような文章があります。

Dear Tina,

　The three years that we spent together were amazing. We did (1)so many things together, remember？　Thanks to you, I learned so much about the world and about myself. (2)When I entered junior high school, I was feeling lost. But now I'm excited about the future. And that's because of you！I promise to visit you soon. Until then take care！

Your friend,

Kota

（*Here We Go! ENGLISH COURSE 3* Unit 8，光村図書，下線は筆者による）

　登場人物の１人である Kota が Tina に宛てた別れの手紙ですが，(1)so many things の具体的な内容が，Unit 1〜Unit 7（あるいは３年間）のストーリーの中にあることを考えれば，「その中で Kota にとって最も印象的な出来事は何でしょうか」といった発問を提示して，学習者に教科書全体を読み通させる指導を行うことができます。また，(2)When I entered junior high school, I was feeling lost. But now I'm excited about the future. And that's because of you！は，この Part だけで読むと脈絡のない文にも見えますが，教科書を通じて，Kota が Tina に想いを寄せる場面が随所に描かれていたことを考えると，And that's because of you！という発言に込められた Kota の意図や想いなどを深く読み取ることもできます。

　こういった，各課を単体で完結させるのではなく，それらをストーリーに仕立て，１冊の教科書に収めようとした編者たちの粋な計らいにもぜひ目を向けたいところです。

（久松功周）

☑言葉の前提となっているもの（意図，場面，状況，目的，背景知識）を踏まえて，教材を読む
☑教材の登場人物だけでなく，教材の筆者・編集者の意図にも目を向ける。

第6節　正しい知識を仕入れる（1）辞書（学習辞典・一般辞典・専門辞典）

　辞書は授業準備に欠かせないツールです。多くの教師は電子辞書を使用しているのではないかと思います。電子辞書の中には様々な辞書コンテンツが入っています。これらを駆使して，教材に現れる語はもちろんのこと，発展的な活動の中で学習者が必要になる語についても，しっかりと調べた上で授業に臨みたいものです。

　教材の新出語句は授業者にとっては既知の事項ですから，わざわざ辞書で調べなくてもよいと思ってしまうかもしれません。まして，新出扱いになっていない語句に関してはなおさらでしょう。しかしながら，例えば発音のような基本的なことについても，勘違いしたまま覚えている場合もあります。大学で英語を専攻している学生でも，risen［rízn］や arisen［ərízn］といった語の発音を間違えたまま覚えている人もいます。さらに，日本語の中に外来語として入っている語に関して，思い込みで間違った発音を覚えてしまっている場合もあります（hose［hóuz］や olive［ɑ́liv］など）。このように発音ひとつとってもわかるように，辞書を使って単語に関して正しい知識を調べておくことはとても大切です。

1. 学習辞典を引いてみる

　授業準備で調べる語句を決めたら早速辞書で引いてみましょう。ただし，どの辞書を使うかが問題です。オンライン辞書で調べるのが手っ取り早いと考えるかもしれません。確かに検索ボックスに語句を入力すると，その意味などを瞬時に知ることができて便利です。しかしながら，オンライン辞書の中には，編集体制がしっかりしていないものもまだ多く，信頼性に欠ける場合があります。したがって，まずは冊子辞書または電子辞書で調べるのが安心です。ただし，最新の時事問題に関する語句などは，既存の辞書では対応できない場合もあります。その場合は，冊子辞書のオンライン版（例えば *Collins Online Dictionary*）など，信頼性の高いソースにあたるとよいでしょう。

　また，自分が英語を学習する場合は『リーダーズ英和辞典』や『ジーニ

アス英和辞典』など一般向けの辞典を使用するかもしれません。これらは
収録語数も多く，英語を専門的に学ぶ上では不可欠なツールです。しかし，
授業を準備する際には，小学生向け・中学生向け・高校生向け等の学習辞
典の方が，個々の語句に関して，それぞれの学習段階に応じて必要な情報
が整理されているので，それらを調べることから始めるのがよいでしょう。

　では，まずは学習英和辞典を見てみましょう。調べたい語を引くと，発
音に関する情報が出てきます。電子辞書では実際の発音を聞くことができ
るものがほとんどなので，発音もしっかりと確認をしておきましょう。語
によっては，発音の仕方が複数掲載されているものもあります。この時，
特に気を付けておくべきは機能語（代名詞，前置詞，冠詞，接続詞，助動詞，
関係詞など主に文法的な働きをする語）の発音です。これらの単語の多くに
は，発話時に強勢を置く時の発音（強形）と強勢を置かない時の発音（弱
形）があります。実際の発話では，弱形で発音されることが多いのですが，
指導されることが少なく，日本人英語学習者は弱形をうまく聞き取れない
ために，リスニングに大きな支障をきたしているというデータもあります。
辞書に掲載されている発音のバリエーションについてもしっかりと把握し
ておきましょう。

　次に，その語の意味，用法，一緒によく使う語（コロケーション），用例
を確認しておきましょう。教材に出てくるものだけでなく，それ以外でも
学習者にとって有用と思われるものも調べておきましょう。例えば，主に
高校生向け学習辞典の１つである『ウィズダム英和辞典』（三省堂）には，
語に関する次のような情報が掲載されています。

- スピーチレベル：接続詞 lest はかたい書き言葉で使われる，など
- 重要度に関する情報：reply は高校必修相当，など
- 類義語との違い：reply は answer と比べてややかたい表現である，など
- 用法のポイント：arguably は最上級や比較級の前でよく使われる，
  など
- よく犯してしまう誤り：reply to the invitation とすべきところを reply
  the invitation としてしまう，など
- 語の成り立ち：replace という語は「re（「元の（場所）に」）+ place（「置
  く」）という形で構成されている，など

これらのうち，学習者にとって有益な情報をチェックしておきます。

　今度は，和英辞典でその語の訳語を引いてみましょう。そうすると類義語を知ることができます。また，英和辞典で仕入れた類義語の使い分けの情報も補強できます（例えば『ジーニアス和英辞典』には，reply と answer と response の違いが記載されています）。これらの情報をもとに，より自然な語選択の指導ができます。用例をさらに得ることもできるでしょう。

　英英辞典も見てみましょう。英英辞典では，語句の意味が英語で定義されています。オール・イングリッシュの授業で，語句の意味を説明する時などには，英英辞典の定義文が役立ちます。例えば，*Longman Dictionary of Contemporary English*（Longman）は基本的な約 2,000 語で，*Oxford Advanced Learner's Dictionary*（Oxford University Press）は基本的な約 3,000 語を用いてわかり易い定義を示しており，授業準備に便利です（これらの辞典は用例の自然さとわかり易さにも定評があります）。また，ネイティブ・スピーカーの子ども向け英英辞典の有用性も近年注目されています（関山，2017）。和英辞典等で仕入れた類義語をあらためて英英辞典でも調べておくと，より万全な授業準備となるでしょう。なお，主要な見出し語については，英英辞典でも類義語が記載され，使い分けが解説されていることが多いので，その情報も活用しましょう。

2. 一般辞典・専門辞典を引いてみる

　一般辞典については授業準備の際にどのような使い方ができるでしょうか。まず，1 つには訳語を補足するのに使うことができます。学習辞典と比べて，一般辞典では訳語が多く掲載されている傾向があります。学習辞典に掲載されている訳語が教材本文での意味としてしっくりこない時には，一般辞典で他により良い訳語がないかどうか確認してみるとよいでしょう。

　また，教材のトピックによっては，専門的な単語が出てくるかもしれません。このような場合は，一般辞典で調べると詳しい情報を得ることができる場合が少なくありません。

　専門辞典も見てみましょう。一口に専門辞典と言っても様々なものがあります。例えばシソーラス（類語辞典）を見ると，似た意味を持つ語を調べることができます。すでに和英辞典等で類義語については調べることができていますが，シソーラスにはより多くの語がコンパクトに掲載されて

います。基本的に最初の方に記載されている語ほど見出し語に近いものになります。ただし，微妙なニュアンスの違いについては説明されていない場合がほとんどなので，気になる表現があれば英和や和英辞典で調べ直しておくことが必要です。（例えば *Longman Language Activator*（Longman）は説明が充実しており，高校生ハイグレードモデル以上の電子辞書にも搭載されています）

　また，コロケーションの辞典（連語辞典）を見ると，その単語の自然な使い方についての情報が得られます。例えば『英和活用大辞典』（研究社）を見ると，その語とよく一緒に使われる語が品詞別に提示されているほか，その語がよく取る文法パターンについての情報が用例とともに示されています。例えば動詞の reply を引くと，よく一緒に使われる副詞と前置詞が記載されている他，「reply＋that 節」というパターンを多く取ることが示されています。

　その他，*Longman Pronunciation Dictionary*（Wells, 2008）などの発音辞典を見ると，発音に関して詳しい情報が記載されています。例えば，herb という単語は h 音を残す発音と落とす発音がありますが，標準的なアメリカ英語では 90% 以上の割合で h 音を落とした発音となっていることが分かります。また，*Longman Dictionary of Common Errors*（Turton & Heaton, 1996）といった辞典は，単語ごとに典型的な誤りをまとめており，学習者の誤りについて事前に見通しを立てることができます。

3. 用例検索機能を使ってより良い用例を探す

　良い用例に出会えない場合もあるかもしれません。そのような時は，電子辞書の用例検索機能を使ってみましょう。その電子辞書に搭載されているすべての辞書から，その単語が使われている用例を検索できます。場合によっては他の単語用の用例でわかり易いものが見つかるかもしれません。

（西原貴之）

☑学習辞典を中心に調べ，一般辞典や専門辞典で補足する。
☑良い用例に出会えない場合は電子辞書の用例検索機能を使ってみる。

第**7**節　正しい知識を仕入れる（2）文法書

　文法などの言語材料については，教材研究時に調べたことをすべて授業で説明するわけではありませんが，学習者が作った英文や学習者からの様々な質問に対して自信をもって対応するためには，綿密な下調べが欠かせません。

　文法について調べる上で，周りにいるネイティブ・スピーカーに意見を求める場合があるかもしれません。ネイティブ・スピーカーの語感はもちろん重要な情報源です。しかしながら，例えば日本語を学習している外国人に「『私は』と『私が』の違いは何ですか？」と聞かれて，即座に回答できる日本語のネイティブ・スピーカーは少ないと思います。多くの場合，漠然とした語感に基づいて回答せざるを得ないでしょう。このように，ネイティブ・スピーカーは自身の文法について無自覚であることも多いので，ネイティブ・スピーカーの説明だけを鵜呑みにせず，必ず文法書などで調べましょう。ネイティブ・スピーカーの語感は補足的に使用するのがよいと思います。

　また，教材に出てきた文法についてネイティブ・スピーカーに尋ねたところ，「私はこのような言い方はしない」と言われてしまい，困ってしまうことがあるかもしれません。ネイティブ・スピーカーと一口に言っても，年齢や出身地によって語感は異なります。あくまで，授業で扱うのは，標準的とされる種類の英語ですので，しっかりと調べたことであれば，一個人の語感に過度に振り回される必要はありません。自信を持って授業に臨みましょう。

　もう1点，次のことにも注意しておいてください。教材研究時には複数の文法書を調べてもらいたいのですが，著者によって説明の仕方が異なっていることがあります。実は英文法はまだ完全に説明し尽くされているわけではなく，さらにその説明の仕方も1通りではありません。その文法書が基盤とする言語学の理論によって説明の仕方や視点は異なりますし，ターゲットとする学習者のレベルによっても，異なる説明の仕方が求められます。正しい唯一の説明といったものがないことが多いので，様々な説

明に触れ，学習者に対しても，様々な切り口から説明できるようにしてお
きたいところです。

1. まずは形式面，意味面，言語使用面を整理する

　では早速，指導する予定の文法について文法書で調べてみましょう。調
べるにあたって，以下の点を整理してみましょう。

（1）どのような文法構造を取るか（形式面）
（2）その文法構造を使うことにより，どのような意味を相手に伝えるこ
　　　とができるか（意味面）
（3）その文法構造はどのような目的やどのような状況で用いられるか（あ
　　　るいはどのような場面では用いられないか）（言語使用面）

　学校指定の教材など，学習者が共通して持っている文法教材（いわゆる
「総合英語」等）がある場合は，まずはそれを確認しましょう。そういうも
のがなければ，学習者のレベルに合った文法書を見てみましょう。そうす
ることで，まずは学習者の目線に立った説明を確認します。その上で，今
度はより専門性の高い文法書を頼りに，さらに整理してみるのです。

　なお，言語使用面に関しては，*Practical English Usage*（Swan, 2016）は
定評があり，英語教師に重宝されてきました。また，その文法がネイティ
ブ・スピーカーには，どのような場面でどの程度使用されているのか，と
いった情報を数値的に示している文法書（*Longman Grammar of Spoken and
Written English*（Biber, Johansson, Leech, Conrad, & Finegan, 1999）など）もあ
ります。こういったソースをもとに，この文法はあまり会話では使用しな
いなど，自然な言語使用に向けた助言を学習者に与えることができます。

2. より詳細な情報を仕入れる

　さらに，以下の事柄についても確認しておきましょう。

（4）その文法用語の意味と英語での呼び方：「態」とはどういう意味なの
　　　か，英語では「態」を voice と呼ぶ，など
（5）その文法項目に関わる用法のバリエーションや各用法の注意点：受
　　　動態にはどのような用法があり，各用法にはどのような注意点があ

るか，など

（6）授業で使えそうな用例

（4）と（5）については，学習者には指導しない情報も多く含まれます。
しかし，これらと関連づけながら授業で取り扱う内容を整理することで，
自身の説明が場当たり的になることを避け，さらにその文法に関する今後
の学習を見据えた説明を行うことができます。例えば，受動態を初めて導
入する場合においても，英語の受動態の全体像を見ておくことで，まずは
どういう動詞で受動態を作らせる練習をさせるか，受動態の後の by につ
いてはどの程度強調して指導するか，といったことが変わってきます。ま
た，（6）については，前節で述べたように電子辞書の用例検索機能など
を使って補足することに加え，日頃から広くアンテナを張っておくことで，
洋画やドラマ，漫画など，思いがけないところで良い用例が見つかること
もあります。

　さて，複数の文法書を調べることによって，1 冊だけではわからなかっ
た様々な情報を得ることができます。例えば，高校で受動態を学習する際
に良く扱われるのが，形は能動態なのに意味が受動態になる This book sells
well. といった文です。多くの辞書では以下のような説明がなされています。

　形は能動態でも意味は受動態という場合がある。能動受動態ともいう。
　…（中略）…何か副詞を伴うのがふつうである。

（綿貫・ピーターセン，2006, p. 119）。

この記述だけを見ると，例えば次のような疑問を持つかもしれません。

• 「副詞を伴うのがふつう」ってあるけど，絶対に副詞が必要なのかな。
• この文はどの時制でも使えるのかな。

　そこで他の文法書を見てみると，副詞がない文も可能であること，一般
には単純現在形で用いられることが多いものの単純過去形，will を伴って
未来を表す形，現在完了形，現在進行形などで使われる例もあること，と
いった情報を仕入れることができます（安藤，2005; 久野・高見，2017; 高
見，1997; 田中，2017）。さらに，なぜ見た目は能動文なのに受動態的な意
味で理解されるのか（安藤，2005, p. 362），どういう条件の時にこの構文

を使うことができるのか（高見, 1997; 田中, 2017）といった，この構文の本質に迫るような情報を記載しているものもあります。このような情報をすべて掲載してくれている文法書があればよいのですが，実際にはそのようなものはなく，複数の文法書を見比べながら自分で情報を整理していくしかないというのが現実です。

3. 文法書以外のソースも活用する

最近は英語の歴史の観点から様々な文法項目について説明した書籍も多く出版されています（e.g., 朝尾, 2019, 2021; 岸田・奥村・早坂, 2002; 堀田, 2016）。child の複数形はなぜ children になるのか，なぜ go の過去形が went になるのかなど，特に不規則的な現象に関する解説が充実しています。必要に応じて授業で紹介することで，単に丸覚えをさせるよりも，その文法項目に対する学習者の理解を深めることができるでしょう。

また，特定の語の使い方についての細かい情報がほしい場合もあるでしょう。文法書では情報に行き当たらない場合は，語法書が便利です。語法書では，特定の語や表現について，ピンポイントで細かい解説がなされています。一例として『現代英語語法辞典』（小西（編），2006）の earth の項を見てみると，on the earth と on earth の使い分けや，on the earth の代わりに in the earth とするとどう受け取られるか，というようにこの語の使い方に関する具体的な事柄が示されています（pp. 431–432）。また，『英語語法大事典・第 4 集』（渡辺・福村・河上・小西・村田（編），1995）を見てみると，例えば「He found me (to) do it. は可能か」，「read the pages one after another と read one page after another とでは，どちらがより普通か」といったかなり具体的な事柄について解説がなされています。また，第 1 章第 6 節で見たように，学習辞典，シソーラス，コロケーションに関する辞典などにも有益な情報が掲載されているので，授業準備に役立てることができるでしょう。

（西原貴之）

> ☑ネイティブ・スピーカーの直感を鵜呑みにせずに，必ず文法書で調べる。
> ☑複数の文法書にあたって，その文法について広く理解しておく。

第**8**節　授業につなげる（記録・図式化）

1. 教材研究の中身をすべて教えてはいけない

　教材研究を通して調べたことや考えたことは，そのすべてを授業で学習者に教えたくなるものですが，限られた授業時間の中では，教えている学習者の実態に合ったことのみに絞って教える必要があります。例えば，高校１年生の教科書の教材研究を行った際に以下のようなことを調べ，考えたとしましょう。

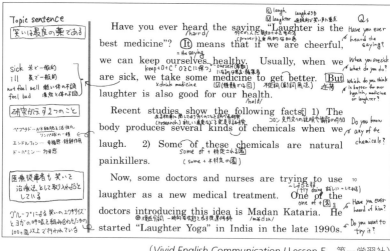

(*Vivid English Communication I* Lesson 5，第一学習社)

図 1　ある教材研究での内容をすべて記録したもの

　多くの時間と労力をかけて調べたことや考えたことはどうしても教えたくなるものですが，上の図のすべてのことを教えたり学習者に問うたりすると，教師が一方的に話し，多すぎる情報量に学習者は困惑することになるでしょう。もちろん，学習者からの質問に備えてこの程度の教材研究はしておくべきですが，授業の中で教えることは取捨選択していかなければなりません。

2. 取捨選択をするための記録

　ある程度経験を積んだ教師は，担当する学習者に何を教えるべきかを直観的に判断することができますが，慣れるまでは気になったことはすべて調べ，その後で教えるべき内容を取捨選択していくのがよいでしょう。その際には以下のように，指導項目別に調べたことや考えたことを表にまとめた後で，バランスを考えながら優先順位を付けていくとよいでしょう。

表　教材研究の内容を簡易的に項目別に分けたもの

本文	音声	文字 / 語句	文法	パラグラフ / 文章	その他
Have you ever heard the saying, "Laughter is the best medicine"? It means that if we are cheerful, we can keep ourselves healthy. Usually, when we are sick, we take some medicine to get better. But laughter is also good for our health.	heard（母音） get better（脱落） health（子音）	saying laughter 指示語 It ourselves sick medicine	keep O C to 不定詞	主題文 逆説 but	Q1 Q2 Q3
Recent studies show the following facts: 1) The body produces several kinds of chemicals when we laugh. 2) Some of these chemicals are natural painkillers.	kinds of some of（連結）	study	some of~	主題文 コロン	化学物質 Q4
Now, some doctors and nurses are trying to use laughter as a new medical treatment. One of the doctors introducing this idea is Madan Kataria. He started "Laughter Yoga" in India in the late 1990s.	one of（連結） Madan（母音）	try to do	one of~ 現在分詞	主題文	Q5 マダン・カタリア Q6

　項目別に分けてみると，「発音の連結は 3 か所を一度に教えることができる」「2 パラグラフ目に関する発問が少ない」といった同一項目内での気付きだけでなく，「語句に関わる指導項目が多すぎる」「文章構成に関わることの指導が少ない」といった項目間での気付きもでてきます。また，年間を通して，どのレッスンで何を教えたかが明確になり，何度も教えていることは指導の優先順位を下げる，といった判断がしやすくなります。

3. 本文理解を深める図式化

　教材本文の理解を教師も学習者も深める手法の 1 つとして，テキスト情報をボックスや矢印などを使ってわかり易く整理する，グラフィック・オーガナイザーが挙げられます。Jiang & Grabe（2007）はグラフィック・

オーガナイザーを "visual representation of information in the text" と定義した上で以下の 9 つの型を提案しています。

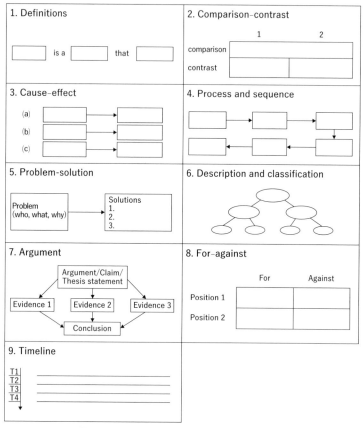

図 2 グラフィック・オーガナイザーの型
(Jiang & Grabe（2017）に基づき筆者作成)

　本文をこれらの型のいずれかに当てはめてみることで，単なる文字情報が，文と文やパラグラフとパラグラフの関係性がわかる視覚情報に変わります。教材研究の段階で本文を図式化しておくと，教師自身が本文の文章構成を理解し易くなります。また，本文を読みながら黒板にグラフィック・オーガナイザーを描いていったり，本文に合ったグラフィック・オーガナイザーの型だけ提示して学習者に内容を埋めさせたりするなど，様々

な工夫を仕掛けることができます。

4. 教材研究を授業につなげる図式化

　グラフィック・オーガナイザーは，教材研究から授業につなげるブレインストーミングをする際にも活用できます。例えば図3のように，ディベート活動の教材研究を「描写および分類」のグラフィック・オーガナイザーを活用してまとめることで，自らの思考の整理をすることができます。

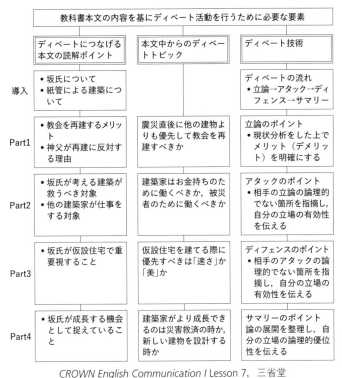

CROWN English Communication I Lesson 7，三省堂

図 3　教材研究の内容をグラフィック・オーガナイザーにまとめた例

（中本大輔）

☑教材研究の内容を可視化することは情報を整理する上で効果的。

☑教材研究時の図式化が，そのまま授業に活かせる場合もある。

教育実習を通して学んだこと

　私は３週間の教育実習を通して理想と現実の差，つまり指導案の中で思い描いていた授業を実際の授業で体現することの難しさを身に染みて感じました。

　特にこれを痛感したのは，中学校２年生の授業を担当した時です。単元のテーマは「夢」で，最終活動は自分の夢に関するスピーチを行うというものでした。単元案・指導案ともに今まで学習してきた知識を活用しながら，生徒が理解しやすい授業構成や興味関心を抱かせる発問等を意識して授業づくりを行いました。さらに指導案完成後も，授業当日まで様々な場面を想定しながらイメージトレーニングや模擬授業を何回も繰り返し，自分ができる最大限の準備をして授業に臨みました。

　しかし当日の授業は，着目してほしかったところになかなか生徒の目が向かなかったり，逆に予想もしていなかったところに生徒が興味を持ったり，自分が想像していた理想の授業とはかけ離れた展開になり，「もっとこうしていれば」と悔しさが残りました。

　実習中はそのような理想と現実の狭間で trial and error を何度も繰り返していましたが，そのサイクルの中で今まで得た知識を活用する力や生徒の生の声に臨機応変に対応する力など，現場で必要な力を少しずつ身に付けることができ，理想の授業への一歩を踏み出すことができました。

　中学校英語科教員として働くことになりましたが，教育実習期間中に試行錯誤しながら養った実践力は，今後の教員生活の大きな糧になると確信しています。これからも教育実習の時のように trial and error を繰り返しながら，理想の英語科教員を目指して日々精進していきたいと思います。

（瀧口真己）

第2章

授業準備　Prepare

第1節　言語活動を作る（1）言語操作に習熟する活動

1. 言語操作に習熟する活動の目的

　「言語操作に習熟する」とは，具体的には，文法や語法，談話構造やパラグラフ構造など，言語使用における一定の規則やパターンを正しく使うことができるようになることです。では，言語操作に習熟する目的は何でしょうか。それは，現実の言語使用において言語規則を正確に運用することで，自らが伝えようとする内容を適確に表せるようになることです。

　しかし，いざ指導するとなると，現実的な言語の使用場面を設定することと，特定の言語操作に習熟する活動を行うことを両立させる難しさに気づきます。なぜなら，言語使用の場面が現実的であるということは，それだけ使用できる表現にバリエーションがあることを意味しており，結果として特定の規則やパターンを用いる必然性は低くなるからです。例えば，不定詞に習熟するための言語活動を設計しても，実際の言語使用の場面で「必ず不定詞を用いて表現するように」と制約をかけられることはなく，たいてい不定詞を用いなくてもなんとか言いたいことが表現できてしまいます。そうなると，学習者が不定詞を使う必要がなくなってしまい，その言語活動の合理性や必然性が下がってしまうのです。したがって，理想としては，現実的な言語使用の場面において特定の言語操作に習熟できる活動が望ましいのですが，現実には，ある程度，学習目的のための制約をかけざるを得ません。ここでは，「特定の言語操作を用いる前提において，その言語操作を正しく用いて表現できるようになること」を目標とする活動の立案について，規則やパターンの理解とその活用及び評価に分けて，整理します。

2. 言語規則の理解

　言語の規則やパターンに関して理解しなければならないことは何でしょうか。不定詞の名詞的用法を例にして考えてみると，知る必要があるのは，主に，① to の後ろに動詞を置くという語順の知識（動詞は原形であるという活用に関する知識を含む），②「〜すること」という意味の知識，③名詞

の役割を果たすという構造（品詞）の知識が挙げられます。では，どのような手順でこれらの知識を学習者に理解させるとよいでしょうか。方向性としては，①複数の用例を提示し，そこから規則を抽出させる帰納的な方法と，②言語規則を教えてから用例で確認する演繹的な方法の２つがあります。初出の文法であれば両方を組み合わせて，まず複数の用例から学習者に規則を抽出させ（帰納的），その規則を授業者が整理・確認し，その規則を用いて練習問題に取り組ませる（演繹的）という双方向のアプローチが望ましいでしょう。以上を踏まえた板書のレイアウト例は以下のようになります。板書を用いた説明では，下線や囲みを用いたり文字の色や大きさを変えたりするなどして，見やすくなるように配慮しましょう。

図　用例から規則の抽出へと向かう板書例

3．言語規則の活用

　次に，言語規則を活用させるための活動を立案する上で，その活動の目的を明確にしましょう。この活用の活動のターゲットとなる知識は，「コミュニケーションにおける言語規則の活用」を目指した活動の中では意味伝達が重要になってきますので，①語順の知識と②意味の知識の２つが中心となります（③構造（品詞）の知識は自らが産出した英文が正しいかどうかを評価するための知識として機能します）。問題集などでよく見られる，次ページの並べ替え（1）や空欄補充（2）は，それぞれ①語順的知識，②意味的知識を問うための問題形式と言えるでしょう。
（3）の和文英訳は，ターゲットとする言語規則の①語順の知識と②意味

> (1) 野球をするのはおもしろい。（並べ替え）
> 　　（baseball / to / play / fun / is）．
> (2) 野球をするのはおもしろい。（空所補充）
> 　　（　　　　　）（　　　　　）（　　　　　）is fun.
> (3) 野球をするのはおもしろい。（和文英訳）
> 　　（　　　　　　　　　　　　　　　　　　　　　　　　　）

の知識を総合的に練習する問題形式と言えます。難易度としては，問
（1）（2）よりも問（3）の方が総合的な分，難しくなりますので，学習者
の習熟度に合わせた問題形式を選びましょう。上記の問題形式の難易度が
学習者に合わなければ，以下のように問う箇所を限定したり，あいまいに
することで調節することもできます。
言語規則の理解を確認するには，文字が残るので書くことを通じた練習が

> (1) 野球をするのはおもしろい。（並べ替え）
> 　　（ baseball / to / play ）is fun.　　【難易度調節の方法：限定する】
> (2) 野球をするのはおもしろい。（空欄補充）
> 　　（　　　　　　　　　　　　　）is fun.
> 　　　　　　　　　　　　　　【難易度調節の方法：あいまいにする】
> (3) 野球をするのはおもしろい。（和文英訳）　※不定詞の名詞的用法
> 　　を用いて　　　　　　　　【難易度調節の方法：限定する】
> 　　（　　　　　　　　　　　　　　　　　　　　　　　　　）

より確実な方法ですが，その分時間を必要とするので学習者の練習量が少
なくなってしまいます。練習量確保のためには，口頭練習の活用が有効で
す。理解の伴わない口真似にならないように，規則を理解させたうえで行
います。例えば口頭練習の方法としては，次のようなものがあります。

- 口頭和文英訳
- 語句の置き換え練習（Substitution Drill）
　ターゲットとなる言語規則は変えずに，語句を変えて練習する方法

（例）　To play baseball is fun.　⇒　To play soccer is fun.

　　　⇒To play soccer is exciting.　⇒　To know each other is important.

● 使用する表現を指定した上での Show & Tell

（例）自分が野球をしている写真を見せながら To play baseball is fun. といった文を用いて言い，自分の趣味について話す。

4. 言語操作の評価

　最後に，学習者がある特定の言語操作に習熟したと言えるかどうかの評価は，学習者に何を要求するかによって，方法や基準が変わってきます。上述の①語順の知識が身についたかを測りたいのであれば，並べ替え問題を用いることができます。同様に，②意味の知識を測るのであれば，空所補充問題を，総合的な知識を測るのであれば和文英訳を用いるとよいでしょう。知識を口頭で使えるかどうかを評価したければ，口頭で出題して答えさせることもできます。理想的には，学習者の理解の定着度と活用の正確さを毎時間評価できるとよいのですが，時間的制約や労力を考えると，それは難しいでしょう。しかし，正確な評価は難しくても，その後の学習に活かすことを目的として，学んだ知識がおおむね使えているかどうかを判断することは，学習者にもある程度可能です。むしろ，学習者どうしでお互いのパフォーマンスを評価し合うほうが，結果として言語規則の理解を定着させる効果も期待できます。評価としての厳密さにあまりこだわらず，学習者間で評価しあう活動も積極的に取り入れるとよいでしょう。学習の途中段階ではある程度の理解の取りこぼしや誤解には，気づく限り修正はしながらも目をつむってかまいません。一方で，学習の最終段階では，授業者が専門家として細やかで正確な評価を下します。このように，指導の目的や段階に応じて評価も工夫するとよいでしょう。

（久松功周）

☑言語規則の理解には，帰納的・演繹的両方のアプローチを用いる。
☑言語規則の練習・評価では，何をターゲットとするかを明確にする。

第2節　言語活動を作る（2）
　　　　実際的なコミュニケーションをする活動

1. 「言語操作に習熟する活動」との違い

　前節の「言語操作に習熟する活動」では，特定の言語規則を正しく活用
できるようになるための活動について説明しました。では，実際的なコミ
ュニケーションをする活動との違いは何でしょうか。私たちはコミュニケ
ーションの目的・意図を達成するために，次のような要素を必要に応じて
組み合わせながら意思伝達を行っています。

（1）意味伝達を主な目的とした言語的な要素
（2）意味伝達が主な目的ではないが，やり取りを円滑にする周辺言語
　　　的な要素
（3）非言語的な要素

図1はそれをまとめた全体像です（これ以外にも，音声の抑揚や文字の可読
性などの要素も含まれます）。

要素		音 / 文字	場面 + 情報の受け手	目的・意図
言語的要素	音声	音素⇒語（の発音）⇒句⇒文⇒パラグラフ⇒文章		(例) 商品の良さを理解してもらう
	文字	字⇒語（のつづり）⇒句⇒文⇒パラグラフ⇒文章		
周辺言語的要素		あいづち・反復・つなぎ言葉など		他者と共感
非言語的要素		ジェスチャー・表情・絵図 など		

図　コミュニケーションの構成要素の全体像

言語操作に習熟する活動では，音声か文字かの違いはありますが，もっぱ
ら句や文レベルの言語的要素に焦点を当てました。一方，実際的なコミュ
ニケーションでは，用いる表現のバリエーションが多様になるだけでなく，
周辺言語的要素や非言語的要素が複雑に絡み合ってきます。これは，目的
や場面，情報の受け手といった要素が関わってくることによるもので，こ

れらが単なる「言語操作に習熟する活動」を「実際的なコミュニケーショ
ンをする活動」へと発展させる重要なポイントとなります。言い換えれば，
複数の要素を総合的に運用することが，実際的なコミュニケーションの特
徴ということです。

　実際的なコミュニケーションは，そのように総合的なものですので，指
導を 1 回の授業だけで完結させることは現実的ではありません。まずは，
コミュニケーションの目的や場面，情報の受け手に応じて必要な言語的要
素，周辺言語的要素，非言語的要素を指導する段階と，それらを総合的に
活用するコミュニケーションを行う段階の両方が必要になります。

2. 目的，場面，情報の受け手の設定

　ある言語活動を「言語操作に習熟する活動」と「実際的なコミュニケー
ション」に分けるのは，目的・場面と情報の受け手の設定に関する明確さ
や具体性です。コミュニケーションの適切さも，これらによって評価され
ます。したがって，「実際的なコミュニケーション」を意図した言語活動
の成否は，これらの設定にリアリティや必然性を持たせることができるか
どうかにかかっていると言えます。

　ここで留意したいのは，スピーチやプレゼンテーション，ディスカッシ
ョンやディベートは「場面」であって「目的」ではないということです。
「目的」は「情報の受け手に期待する影響」と言い換えられます。例えば，
「新商品のプレゼンテーション」の目的は「聞き手に新商品に興味を持っ
てもらうこと」や「聞き手に実際に新商品を買ってもらうこと」でしょう。
そういった影響を及ぼすことを目的として，「プレゼンテーション」とい
う場面を設定します。また，「情報の受け手」の設定については，多くの
活動での聞き手が学習者であることを考えると，小学生〜大学生の中で学
習者の年齢に近い層を想定することになるでしょう。したがって，学習者
が日々の生活の中で経験しうるような目的，場面を設定しましょう。

　以下では，「中学校 3 年生が修学旅行の行き先を多数決で決める場面で，
行き先を PR する目的で行うプレゼンテーション」という設定を用いて，
聞き手への指導，言語的要素・周辺言語的要素・非言語的要素の指導につ
いて説明します。

3. 聞き手への指導

　実際的なコミュニケーション活動を行うとなると，授業者の意識は話し手に向かいがちですが，話し手のパフォーマンスは聞き手によっても大きく左右されることに留意しましょう。「中学校 3 年生が修学旅行の行き先を多数決で決める場面で，行き先を PR する目的で行うプレゼンテーション」という活動において，反応に乏しい聞き手と反応が豊かな聞き手であれば，話し手のモチベーションを上げるのは当然後者でしょう。また，聞き手の反応も話し手にとっての何よりの学びの対象となります。普段の指導を通じて，聞き手として周辺言語的なスキルや非言語的なスキルを用いて話し手に関心を表すような姿勢を指導しておくと，より効果的なスピーキング活動が期待できます。

4. 言語的要素の指導

　実際的なコミュニケーション活動においては，特定の文法事項など表現における制約は設けません。上で例に挙げたプレゼンテーションであれば，「中学校 3 年生」が「行きたい」と思うような内容の構成を考え，それをより良く伝える表現を用いることになります。内容の構成という点で言えば，①聞き手の興味を惹きつけるような内容，②行き先の優位性，③印象に残るようなまとめ，などの構成が考えられます。この内容を表すために，What do you want to do during our school trip? といった疑問文や，In Hokkaido, we can eat much tastier food than in Hiroshima. といった比較を指導し，練習することになります。

　表現の正確さが気になるところですが，言語操作に習熟する活動と違って，「表現が正しいこと」よりも「聞き手がその行き先に行きたいと思うかどうか」が大切です。また，「表現の不正確さゆえに伝わらなかった」という経験をすることも，言語操作に習熟する活動の必要性をあらためて学習者に気づかせてくれます。逆に「表現が不正確でも伝わった」という経験が，誤りを恐れずに表現する大切さを学習者に気づかせてくれることもあるでしょう。多様な要素が絡みあう活動だからこそ，その活動を通じた気づきも多様であってよいでしょう。

　ここで重要なのは，パフォーマンスを通じた学習者の気づきのリアリティです。指導者が過度に学習者のパフォーマンスに介入するよりも，情報

の受け手の側の学習者が率直な反応やフィードバックを行うように指導すること（率直なフィードバックができる関係性作りを事前にしておくこと）からより多くを学ぶことができるでしょう。

5. 周辺言語的要素の指導

　上述した言語的要素がコミュニケーションにおける意味伝達に大きく関わるのに対して，あいづちやつなぎ言葉などの周辺言語的要素は，コミュニケーションにおける雰囲気作りに大きく関わってきます。「中学校 3 年生が修学旅行の行き先を多数決で決める場面で，行き先を PR する目的で行うプレゼンテーション」において，行き先を選んだ理由が「内容はどこも甲乙つけ難かったけれど，なんとなく雰囲気が盛り上がっていたから」というのも十分あり得るでしょうし，この盛り上がりを演出することができるのも言語を用いた重要なコミュニケーション能力です。プレゼンテーションという場面であれば，言葉に詰まったときに沈黙が続いてしまうと雰囲気が盛り下がってしまうので，それを防ぐためのつなぎ言葉を普段の Q ＆ A などのやり取りの中などで指導しておくとよいでしょう。

6. 非言語的要素の指導

　プレゼンテーションにおいて，どのような映像や表情を用いるのかによって，わかりやすさや印象の深さは変わってきます。話す内容に応じた視覚資料や表情を用いるよう指導を行いましょう。ただし，学習者が過度に映像や絵に注力すると，言語学習という趣旨から外れてしまう恐れがあります。言語という手段でよりよく伝えられること，視覚資料を用いるとよりよく伝えられることは何かを考えさせた上で，使用できる視覚資料の数に制限をかけるなど，あくまで言語学習のためのコミュニケーション活動であることに留意して活用させましょう。

（久松功周）

☑目的，場面と情報の受け手を明確に設定する。
☑聞き手を育てる指導を行う。

第3節　指導言を決める（1）説明・指示

　教材が用意でき，教材研究を進め，言語活動が準備できたら，授業で実際に用いる「指導言」を考えます。指導言とは，授業者の発する言葉で，「発問」「指示」「説明」の3種類があります。大西（1988）では，次のように説明されています。

　「発問」：子どもの思考にはたらきかける「指導言」
　「指示」：子どもの行動にはたらきかける「指導言」
　「説明」：その中間であり，思考にも行動にもはたらきかける「指導言」

　例えば，"Do you remember yesterday's lesson?" という発問は生徒の思考に働きかけ，「昨日の話はどんな内容だったかな」と考えさせます。また，"Open your textbook to page 6." という指示は，生徒の行動に働きかけ，テキストを開かせます。"You can learn about the history of chocolate in this lesson." という説明は，「チョコレートの歴史って，どんなものだろう」という思考に働きかけるとともに，「どんな歴史なのか読んでみよう」という行動にも働きかけます。まずは，この指導言の違いをよく自覚して，自分の発する言葉を選ぶことが大切です。

　「発問」「指示」「説明」の使い分けは，教材の内容や活動の種類により異なります。例えば，教材が物語文で，読んでじっくり考えさせたい活動の場合は「発問」をします。活動に取り組ませることで理解や習熟を図る場合は「指示」をします。新しい語句や文法を導入し，理解させたいときは，わかりやすい「説明」が必要でしょう。本節ではまず，このうちの「説明」「指示」についてみていきましょう。

1. 説明

　「先生が教室の前に立ち，生徒たちに何か説明している。」「授業」というと，これまではこのようなイメージではないでしょうか。それほど，「授業」と「説明」には切っても切れない関係があります。では，そもそも「説明」は授業において，どのような役割を果たしているのでしょうか。

　説明には，大きく次の 3 つの機能があります。

（**1**）学習課題を示す

　授業開始時に，黒板に「めあて」や「本時の目標」を書いて学習課題を学習者に伝えることがあります。例えば「自分がふだんよくすることや，できることを伝えることができる。」（*New Horizon English Course 1* Unit 1,東京書籍）や "To understand some of the problems people have when theylive in a new culture."（*Crossroads English Communication I* Unit 1,　大修館書店）などです。このように，これからどのような学習をするのか，その内容や課題を説明して示します。

（**2**）学習課題の理解のしかたを示す

　学習課題の理解のしかたを生徒たちに示すのも説明です。また，これこそ授業における説明の中心的機能とも言えます。ここでは，「辞書の引き方」を例に取ります。"month" を調べる場合，（1）小口のインデックスから "M" のページを開ける，（2）ページ上部にある，その見開きに含まれる語の範囲を示す見出し（「柱」）を見て "month" の掲載されているページを見つける，（3）その中から見出し語 "month" を見つける，という手順を説明します。

　この学習課題の理解のしかたを示すという説明で大切なのは，新しい情報を学習者が受け入れやすいように提示することです。未知のことがらを何の手がかりもなく処理することは難しいので，学習者が既に知っていることと関連づけて提示します。

　例えば，上の辞書引きの例では，「アルファベットの並び順」は学習者にとって既知だと考えられますので，その知識を使います。（1）の段階でインデックスから "M" を見つける際に，「M って 26 文字の中で何番目だったっけ？」と問いかけると，学習者は「A，B，C…K，L，M だ」などと言いながら，"M" が，ちょうど中ほどに位置することを意識します。そうすると，インデックスでも，最初から順に探すのではなく，おおよそ中央付近を探すと "M" が見つかりやすいということがわかります。また，（2）の段階で柱を手がかりにする際も同様に，「M で始まる語ばかりが載っているから，今度は M の次の文字を調べるのに，アルファベットの並び順を思い出すんだよ」のように説明します。

　このような配慮は，説明の内容が複雑になるほど必要性が増します。例えば，「前置詞」について，次のように説明することができます。

　　「at home の at は①『前置詞』と呼ばれます。②『名詞の前に置くことば』なので『前置詞』です。at home を日本語に訳すと，『家で』となります。つまり，③英語の前置詞は日本語の助詞に近い働きをします。④語順としては，日本語の助詞は名詞の後ろに置くのに対して，英語の前置詞は名詞の前に置くというのが大きな違いですね。」

　まず，そもそも「前置詞」というものがある，という前提を導入して，いわば「情報の受け皿」を学習者の頭の中に作り（①），その受け皿が定着しやすいように意味づけをします（②）。その上で，学習者にとって既知である日本語の知識にアクセスして（③），その知識と関連づけるように，新しい知識の重要なポイントを提示します（④）。

（3）学習課題をまとめる

　授業の最後に，その時間で学習したことをわかりやすくまとめるのも説明の役割です。例えば，本文の内容を簡潔にまとめたり，新出事項について板書を使いながら再度説明したりします。「まとめ」としての説明は，授業者の考えや意図を示すことになるので，正確でわかりやすいことが何より大切です。そのため，くどくどと長い説明にならないようにしなければなりません。

2．指示

　次に，英語の授業で「指示」といえば，クラスルーム・イングリッシュ（教室英語）が代表的ですが，それだけではありません。指示にも次のように3つの機能があります。

（1）授業に変化を生みだす

　授業者の説明が長くなってくると，黙って話を聞いているように見えるものの，居眠りをしていたり，手遊びをしたりして，集中を持続できない学習者が出てきます。また，発問を中心に学習者に考えさせるように授業を組み立てても，考えるのが得意でない学習者は面倒になって，学習意欲をなくしてしまいます。このような場合に忍耐できず集中力を持続するこ

とができないのは，学習者のせいとは言い切れません。

　学習者に集中力を維持させるには，例えば1人での作業やペア・ワークやグループ・ワークの中で，「教科書の〇〇を読みなさい」や「ノートに〇〇を書きなさい」などの指示を適切なタイミングで出します。そうすることで，授業の中での作業や行動に変化を生み，学習者の授業への参加意欲を高めることができます。

（2）作業や行動を通して理解させる

　小学校や中学校の入門期の指導においては，指示をして学習者に作業や行動をさせていくほうがよい場合があります。例えば，英語の文字の書き方を指導するときに，授業者が長々と説明するよりも，動画を見せて，まねをするように指示します。書くときの姿勢が崩れてきたり，筆記具の持ち方が適切でなかったり，説明したとおりの運筆で書けなかったりと，当然，うまくいかない例が出てきます。そのため，活動をモニタリングして，必要な時に具体的に「説明」をして正しい方法を理解させます。

（3）集中力を高める

　学習者に「指示」をして，こちらが意図した作業や行動をさせるためには，年度の最初の授業から指示内容をしっかり聞かせるように工夫しなければなりません。学習者が集中するのを待ってから指示する，1つの指示を短く簡潔にする，活動中にはむやみに追加の指示をしない，などの基本的な指導技術が欠かせません。また，学習者が自ら指示・説明を聞きたくなるように，魅力的な活動を用意するようにも工夫したいですね。

（西村浩一）

☑説明・指示の機能を意識して，場面に応じて使い分ける。
☑説明・指示をする際には，まず学習者の状況を想像する。

第**4**節　指導言を決める（2）発問

1. 発問の3つの機能

指示・説明の指導言と同様に，発問も，やり方によって学習者を授業に引き込んだり，考える力を育てたり，学習意欲を高めたりと，指導言としていろいろな機能を果たします。

（1）学習者を授業に引き込む

教材英文の和訳など，説明するだけの講義的な授業は授業者の計画通り進むかもしれませんが，学習者は受身的な姿勢になってしまいます。また，学年が低くなるほど集中力が続かなくなり，手遊びをしたり，居眠りをしたり，ひどいときには問題行動を引き起こしたりしてしまいます。そこで，学習者の能動的な姿勢を引き出すには，説明する内容をあえて問いかける形にすることによって理解を定着させたり，たくさんの発言を引き出したりして，授業に引き込むという方法を取ることができます。

例えば，「"Read this book if you're interested in the other half."（*New Horizon English Course 2* Unit 2，東京書籍）という女の子のセリフに，男の子がどう答えたか」と発問すれば，「"Thank you." と言って本を受け取った。理由は…」とか「"What book is it?" と言って内容についてたずねた。理由は…」といろいろな考えが引き出され，学習者は「答えは何だろう？」と興味を持って授業に参加することができます。

（2）考える力を育てる

発問は学習者の思考に働きかけるものです。問いを通して学習者はいろいろと考え，全体を見通したり，筋道を立てて考えたり，物事の仕組みを考えたり，比較して考えたりする力が備わってきます。例えば，"When I watch TV, I see many interesting dishes." と，"I see many interesting dishes when I watch TV." を比較させて，その違いを考えさせます。問われなければ考えることもないであろうことがらに，発問することで学習者の目を向けさせることができます。

（3） 生徒たちの学習意欲を高める

　発問には，学習意欲を高める機能もあります。学習者は，問われること
で自分なりの考えを持つように促されます。その考えを発表し合うことで，
自分の考えに自信を持ったり，自分だけでは思いつかなかった考えに気づ
いたりして，そのことが学習意欲を高めるのです。例えば，「自分が（看
護師の）小川さんに質問をするとしたら，どんなことを聞きたいですか。
小川さんにたずねてみたい質問を考えて言いましょう（*New Horizon English Course 2* Let's Listen 2，東京書籍）」と発問すれば，学習者は自分なり
の質問を考えて，発表することになります。実際の授業では，ある生徒が
「看護師じゃなかったら, what would you like to be?」という質問を考え
ました。これには授業者を含めクラス中がうなりました。教科書の題材と
本当に真剣に向き合ったからこそ生まれた質問であったと思います。

　なお，生徒が「看護師じゃなかったら」と日本語で言ったのは仮定法を
習っていなかったからなのですが，この時は，「If you were not a nurse と
言えばいいよ」と伝えました。中学2年生で仮定法を教えることが適切
か，という疑問はあるかと思います。しかし，「既習の表現しか使っては
いけない」という制約をかけてしまうと，せっかくの発想が活かせなくな
ることもあります。既習／未習の区別への配慮は必要ですが，一方で，
「知らないことはその際に教えればよい」とも言えます。学習者が英語で
何かを表現しようとしても知識不足で表現できない時というのは，その知
識を学ぶのに最高のタイミングです。そのような判断から，この時は，仮
定法の規則には深入りしないように注意しつつ，学習者にとって未習の表
現を与えることにしました。このように，図らずも発展的な学習内容にア
クセスするきっかけを作ることができるのも，発問を通じて学習者の思考
が活性化するからこそと言えます。

　なお，1つの発問だけで正しい答えに至らないときには，発問の出し方
を工夫することで，正答に近づくことができます。例えば，教材の本文を
読ませた後に，"What does Josh want to eat?"（*New Horizon English Course 1* Unit 2，東京書籍）という発問をして，学習者が "Curry pilaf." と答えたと
します。しかし，授業者の意図としては主語と動詞のある文で答えさせた
いという場合，"What does **Josh want to** eat?" という文の太字部分をゆ
っくりはっきり発音して強調すると，文で答えなければならないことに気

づかせ，"He wants …." という答えを引き出しやすくなります。

2. 説明を発問化する

説明を発問化する技術をうまく使うことができるようになると，学習者の集中力を高め，理解を深めることができます。

発問をしない英語授業は今では少なくなりましたが，それでも，時には，一方通行的に説明する授業もあります。発問がなくとも授業は成立しますが，説明をしない授業というのはほとんどありません。授業とは，学習者の知らないことを教える場ですので，当然のこととも言えます。練習することが目的の授業であれば指示だけでも成立するでしょうが，その練習の前後で，練習すべき内容を伝えたり，練習後のフィードバックをするのは，説明になります。

では，そうした説明と発問は，どのような関係にあるのでしょうか。発問，特に授業者が答えを知っている発問（表示発問→ p. 126）は，説明の内容をあえて問いの形に変えたものです。そのようにする理由は何でしょうか。

理由の 1 つめは，授業の場の雰囲気を変えることです。説明を中心とした授業だと，授業者がつい話しすぎてしまって授業が単調になり，学習者も集中力を失いがちです。このようなときに発問することで，授業の雰囲気が一気に変わります。学習者が集中し，能動的になるのです。

2 つめは，学習者の思考を揺り動かすことです。発問によって，学習者にいろいろと考えさせることができるのです。

3 つめは，説明内容が学習者にどのくらい伝わっているのか確認することです。学習者がどれほど理解しているかを測り，必要があれば，もう 1 度別の形で説明し直すという対応をすることができます。

3. 英語授業における発問

授業者が答えを知っている発問とは別に，授業者も答えを知らないことを問う発問（参照発問→ p. 128）には，教材の内容を深く理解したり，思考を深めたり，学習者どうしの活発なやり取りを促したり，英語での豊かな表現を引き出したりするなど，いろいろな役割があります。そして，何より，発問することで，授業者と学習者とのコミュニケーションが生まれ

ることに意義があります。そして，それを英語で行うことができれば，なお意義深いと言えるでしょう。

　発問を作るに当たっては，次のようなことに留意します。

（1）学習者の理解できる英語を使う

　学年が低くなればなるほど，理解できる英語は少ないので工夫が必要です。簡単で短い文を使ったり，写真や実物などの視覚資料を提示したりします。また，同じ発問を繰り返す際，話す速さを変えてみたり，キーワードを強調したりするのも良いでしょう。補助として日本語を使う場合は，英語→日本語→英語の順で発問し，最後は英語が耳に残るようにします。

（2）発問の種類を知って使い分ける

　発問の種類を知っておくことも大切です。同じ教材でも，種類の違う発問を用意しておくと，学習者の実態や授業の展開に合わせて取捨選択ができます。発問の種類については第5章第1節（p. 126）で詳しく扱いますが，大きく分けて，上述のように，授業者が答えを知っている問い（表示発問）か，知らない問い（参照発問）かの区別があります。また，学習者の立場から見て，答え方が狭く限定されている問い（閉じた発問）か，授業者は答えがわからない問い（開いた発問）か，という区別もあります。例えば，授業冒頭のルーティンとして問う What's the weather today? という発問は，普通，授業者自身は答えを知っているので，「閉じた表示発問」です。一方で，What's the weather in Bangkok today? というのは，タイの天気情報を見れば答えは1つに決まりますが，授業者自身が当日のバンコクの天気を既に知っているのでなければ，「閉じた参照発問」です。さらに，What do you usually do when you have free time? は，答える側は答え方をかなり自由に選べますから，「開かれた参照発問」です。このように，種類の異なる発問を用意しておくと，柔軟な授業展開が可能になります。

（西村浩一）

☑発問の機能を意識的に使い分ける。
☑説明する内容を発問化してみる。

第**5**節　ワークシートを作る

　まず，ワークシートが本当に授業で必要かを考えてみましょう。ワークシートがなくても教材とノート（または ICT 端末）があれば，授業の目標は達成できませんか？　そうでない場合に限り，ワークシートの利用を考えます。ワークシートを準備する際は，教材やノート以外に何が必要かを考えることが大切です。

　教科書の教師用指導書には，授業を支援するために，さまざまなワークシートや評価問題が用意されています。それらに依存しすぎるのはよくありませんが，自分の指導計画に合うものがあれば，そのまま使えばよいでしょう。また，必要に応じてアレンジを加えるのも，もちろんよいことです。

1. ワークシートの利点と欠点

　ワークシートの利点は，学習者の状況に応じて，次のようなことがしやすいことです。

(1) 説明を補足する
(2) わかりやすい用例を追加する
(3) ドリルや練習問題を追加する
(4) 学習課題に対してヒントや単語・用例を与える

　(1)については，家庭などで復習することを念頭に，学習者が授業者の説明を再現できるようにするとよいでしょう。また，余分な言葉を削ることで，授業中の説明をスッキリとわかりやすくすることもできます。

　(2)は，教科書の用例が学習者の実情に合わない場合に，他のソースから用例を取ってくるということです。特に，低学年の学習者にとっては，辞書などの用例は難しすぎることがよくあります。そのため，他の教材や NHK の語学番組などから適切な用例や場面を借用することになります。

　(3)は，教科書だけでは練習量が不足する場合の対応です。教科書付属の問題では十分でない時には，授業者が練習問題を作成して補います。

　（4）は，主に表現活動を行う際に，教科書に載っている単語や表現だけでは不足する場合の対応です。学習者の状況に合わせて，単語や表現を追加するためにワークシートを作ります。
　一方，ワークシートの欠点としては，次のようなことが挙げられます。

　（1）自作のためミスが付き物である
　（2）学習者の管理する教材が増えてしまう

　（1）は，自作ワークシート最大の欠点と言っていいでしょう。ワークシートは授業者1人で作成することが多く，自分ではミスに気づけないものです。特に学習者が低学年の場合には，ミスの修正に大幅に時間を要するため，余計な指示や説明が増え，授業が混乱してしまいます。最悪の場合は，ミスに授業者が気づかず，学習者が間違った英語を練習してしまうことです。これの防止策は，あらかじめ同僚に見てもらったり，印刷する前に原稿を再度チェックしたりするなど慎重を期すことです。
　（2）に関しては，ワークシートを配りっぱなしにしてはいけないということです。低学年ほど丁寧にワークシートの管理の仕方を教える必要があります。まずは，学校や学年，教科のワークシートに関する方針から確認しましょう。例えば，2穴ファイルでプリントを管理させるならば，両面印刷ができる利点がある一方で，配布時には穴を開けておくなどの配慮が必要です。ノートに貼らせるならば，貼りやすいサイズになるよう，ワークシートの縦横の端を切り落として配布するなどの配慮が必要となります。また，学習者が各自でハサミやのりなどを用意する必要もあります。

2．ワークシートを作る際の留意点
（1）デザインはシンプルに

　工夫したワークシートを作ろうとすると，学習者の目を引きやすいように，いろいろなフォント（書体）を使ってみたり，内容にあまり関係のないイラストを挿入したりしてしまいがちです。しかし，本筋と関係の薄い内容が増えてしまっては，大事なことが目立たなくなります。また，それを読むのに疲れてしまうという学習者がいることも忘れてはいけません。大事なことを目立たせる一方で，不要に要素を増やさないことも必要です。

（**2**）紙の色を変える

　色のついた用紙を使うことができるならば，大事な配付物は特定の色の用紙に印刷するといいでしょう。そうすることで，学習者に「このプリントは大事」というメッセージが伝わるだけでなく，使用する際にも，例えば，"Please take out the red handout." のように簡単に指示を出すことができるようになります。また，色が異なれば，持っていない学習者を教壇から把握することも容易になります。ただし，学習者によって，読みやすく感じる用紙の色が異なる場合もあります。全員が同じ色の用紙を持つ必要がなければ，学習者にどの色の用紙が見やすいかを尋ねてみて，個人に応じた色の用紙に印刷するような配慮があってもよいでしょう。

3．ワークシートの例

　中学 2 年生対象の小テストを例に説明します。

（1）ワークシートのサイズは，通常は A4 を使います。ノートに貼ることを考えるならば，B5 で印刷した上で，縦横 1cm ずつカットすると，ノートに貼るときに学習者がハサミを使う必要がなくなります。

（2）ここで使用しているフォントは，和文が「UD デジタル　教科書体」，英文が「Sassoon Infant Std」です。ともに読みやすく，書きやすいフォントとして知られています。また，文字の大きさにも工夫が必要です。普段使っている教材の文字よりも小さくならないようにします。学年が上がれば，いろいろなフォントや文字の大きさに慣れるために，あえて違うフォントや小さい文字を使うことも検討します。

（3）テスト返却後にどうすれば良いかについて，ワークシートの中で具体的に指示を与えます（「ノートに貼る！」など）。口頭だけでなく，あらかじめ印刷しておくとよいでしょう。

（4）文字を書かせる解答欄は，初学者のうちは 4 線，慣れてきたら，基本線と上から 2 番目の線を残して 2 線，最後には基本線のみと変えます。解答欄を（　　　　）とするよりも，これらの基本線を用いたほうが，文字のバランスが安定します。

（5）強調したいメッセージはフォントを大きくしたり，囲み文字を用いたりします。この例では「ノートに貼る！」を目立たせています。

```
○月○日　中2　小テスト          ┌─────────────┐
基礎英語2　L36からL40まで        │ ノートに貼る！ │
教科書　P21からP25              └─────────────┘

次の日本語の意味をあらわすように、
[　]内のアルファベットを並び替えて英単語を完成させなさい。

(1)  もし…ならば          [ f / i ]           _____

(2)  今までに一度も…しない    [ e / e / n / r / v ]   _____

(3)  …を耳にする、聞いて知る [ a / e / h / r ]      _____

(4)  種類               [ d / i / k / n ]     _____

(5)  変わる、変化する、…を変える [ a / c / e / g / h / n ]
                                          _____

(6)  …でさえ            [ e / e / n / v ]     _____


    □  合格です。
    □  不合格です。本日放課後、2年1組に残って、
       授業用ノートに、教科書P26とP28本文を左側に写し、
       新出単語を調べて、単語と意味を右側に書きなさい。
       必修テキストP34からP39を宿題提出用ノートにやりなさい。
       ○○先生のチェックを受けて下校すること


2年2組        番　名前
```

図　ワークシート例

　これは，中学生向けのワークシートの例ですが，高校生向けには，語句の意味調べ，本文内容の要約，ライティングの課題など，学習段階に応じたワークシートを作ることになります。扱う教科書の分量が多くなりますから，あれもこれもとワークシート化するのではなく，教科書本体やノートでまかなえる部分はそのようにします。そして，授業で特にこだわりたいところに焦点を当てて，「2分間英作文シート」や「リテリングシート」のように，用途を限定したワークシートを継続的に作るようにしておくと，雑多なワークシートが散乱することを防ぐことができます。

　繰り返しになりますが，ワークシートはあくまでも補助的なものです。本当に必要かどうかをよく吟味して作成することが大切です。

(西村浩一)

┌─────────────────────────────────┐
│ ☑ワークシートが本当に必要か考える。   │
│ ☑ワークシートの利点と欠点を理解する。   │
└─────────────────────────────────┘

第**6**節　教具を作る

　「教材」と一括りにされることも多いのですが，「教材」と「教具」には，次のような違いがあります。

> 教材：授業・学習に使う材料であり「情報的内容」を示すもの
> 教具：授業を効率的に進めるための道具であり「物的」であるもの

　例えば，デジタル教科書をプロジェクターでスクリーンに投影して授業する場合，プロジェクターやスクリーンという「教具」を用いて，デジタル教科書のコンテンツという「教材」を提示する，という関係になります。ここでは，視覚に訴える視覚教材の作成方法や最近の ICT を活用した教材作成について説明します。

1. 視覚教材の効果的な作成法

　絵や写真，ポスター，イラスト，地図，グラフ，動画などの視覚教材は，見るだけで英語が使われている場面がわかり，学習者は内容を推測したり，英語を理解したりする際にとても役立ちます。

（**1**）教科書などのイラスト，写真やピクチャーカード

　教科書には主要登場人物のイラストが何度も出てきます。このようなイラストを大きくしたものや教科書準拠のピクチャーカードを使用して，それぞれの登場人物の話し方や声の調子を工夫して会話を聞かせれば，その人物がどのような気持ちで話しているかがよくわかり，会話が理解しやすくなります。教師用の指導資料にデジタルデータが含まれていることも多く，加工してスクリーンに投影することができます。

（**2**）授業者が収集した写真やポスター

　カラーの写真やポスターは，学習者の興味をより引きつけることができます。写真はインターネットから取ったり，本やカレンダーの写真をコピーしたり，自分で撮影したものが使えます（配信や配布の際は，適切な著作権の扱いを心がけましょう）。これらも紙でプリントアウトするだけでなく，

スクリーンに投影すれば，自在に拡大・縮小することができます。

（3）フラッシュカード

　語彙指導の基本的な教具です。教科書会社が販売するフラッシュカードを購入することもできますし，市販の厚紙で自作することもできます。自作する場合は，表に英単語を，裏に英単語の意味や品詞などの情報を書きます。英単語は，普段板書するときの文字の大きさで書きます。カードを見せながら読み方を確認したり，日本語から英語，英語から日本語に瞬時に言い換えさせたりと，使い方は様々ですが，本来は名前通り「フラッシュ」，つまり，クルっと瞬間的に反転させて一瞬だけ裏面を見せるように使うのが前提です（したがって，表裏は上下逆に書きます）。単語を「形」で見て，瞬時に認識する力を育てるわけです。例えば，difficult と different は，形が似ていて間違いやすいので，語末に注目して瞬時に単語を発音する訓練をさせることで，これらの語認知を鍛えます。

　デジタル機器があれば，フラッシュカードの代わりに，「単語帳メーカー」などのアプリケーションを用いることもできます。フラッシュカードに比べて画面で大きく提示できたり，作成したカードを生徒の端末に配信して，家庭学習に活用させたりすることができるのがメリットです。

　このように，様々な視覚教材を作成することができるのですが，注意しなければならないのが著作権です。著作権とは，法律で守られる著作者の権利で，例えば，著作物を，権利者に無許可で複製することは禁じられています。教育目的の場合，ある程度の範囲ならば複製は許されることになっていますが，拡大解釈は禁物です。例えば，市販の問題集の一部でもコピーして生徒に配布するには，著作権者の許諾が必要です。問題集は，どのような問題を掲載するか自体が著作者のオリジナリティであり，本来は，その価値に対してお金を払って購入するものですから，それを複製使用してしまうと，著作者の権利を侵害することになります。学校及び，その他の教育機関における複製等に関する法律として「著作権法 35 条」があります。中学生・高校生は，技術・家庭科や情報科の授業で著作権について学んでいますので，授業者の方が認識が甘い，ということにならないように，しっかりと理解しておきましょう。

2. ICT 機器の効果的な使用法

　ICT 機器は日々改良されており，進歩に追いついていくだけでも大変です。そういった中でも ICT 機器の効果的活用の普遍的条件があるとすれば，それは，個々の機器の特性を熟知するということです。最初は，新しい教材・機能をどう使うか試行錯誤の連続となりますが，自分の指導や生徒の学習の中で，主体的に使用するという意識が大切です。例えば，授業で授業者がタブレット端末を使うことができる環境があれば，教師用指導書に付属しているデジタル教材を活用することができます。教科書の本文や音声データだけでなく，背景知識を補う動画やピクチャーカード，フラッシュカードもついていて，それぞれのカードから音声を開くことができます。また，教室からインターネットに接続できるならば，学外との交流などより幅広い活用が可能です。

（1）教科書の題材をより現実的なものにする

　教科書を含め市販教材には分量など様々な制限があるので，どうしても情報量が限られ，その題材のねらいや魅力を十分に表現できていないことがあります。そのようなときに，題材に関連した資料をインターネットから簡単に探し出すことができます。例えば，本文に出てくる国の映像や，登場人物のインタビューや演説の映像などを流せば，教科書の世界が一気に身近に感じられ，学習者の「読んでみたい・聞いてみたい」という気持ちも高まります。教材に登場する人物名や題材の出典などを検索サイトで調べてみてください。思わぬ情報や資料が手に入る場合があります。

　最近では，ウェブ上の資料をそのまま提示したり，教材の舞台となっている場所の写真をウェブ上の地図で見たりすることが，ずいぶん容易になりました。また，著作権には注意した上で，教材の題材に関連した英文を探してくることもできます。教材の筆者とは正反対の主張を述べた英文を読ませて，ディベートなどの活動を導くこともできます。

（2）語彙指導や音読指導に活用する

　プレゼンテーション・ソフトを使って単語カードを作り，単語帳アプリにそのデータを入れて使えば，語彙指導が容易に行えます。英語を習い始める，いわゆる入門期では，使用するフォントにも配慮しましょう。教科書と同じ「UD デジタル教科書体」や "Sassoon" を使う際は，いったんプ

レゼンテーション・ソフトでスライドを作り，それを単語帳アプリに貼り付けて作成します。少し手間がかかるのですが，アプリを使えばランダム提示ができるので，とても便利です。また，自作したデータを生徒に使わせて，家庭学習に活用することもできます。

（3）音読指導

　教科書の場合，教師用指導書のデジタル教材に含まれる教科書の英文をスクリーンに示して音読させることができます。デジタルで提示すると，アクセントやイントネーションも同時に提示することが容易です。教科書をはじめとして，音声を聴くための 2 次元コードがついている教材も多く，学習者が好きなときに音声を使った学習ができるようになってきました。

3. ICT の短所を知った上で活用しよう

　ICT 機器は，故障や不具合，機器の相性などアクシデントに弱いのが難点です。また，授業者が機器の操作にもたついて授業が間延びしてしまい，学習者の集中力が落ちてしまうこともあります。そういった場合に備えたバックアップ策を用意しておくことも大切です。

　他の教材や教具と同じく，ICT 機器も 1 つの選択肢として考えてこそ，効果的な活用が可能になるのです。機器に使われるのではなく，目的に応じて使いこなすことこそが大切です。

（西村浩一）

> ☑著作権の適切な扱いを理解する。
> ☑ ICT の長所と短所を理解する。

第**7**節　板書計画を立てる

1. 板書の機能

　かつて黒板は，さまざまな機能をあわせ持つ「多機能ツール」でした。説明の視覚化，発問や指示の提示，学習者の応答の記録，思考ツール，そして事務連絡。教室内で行うありとあらゆることを媒介するのが黒板でした。

　しかし，今では，それらの機能は ICT 機器やその他の教具が分け持つのが普通です。パソコンやタブレット上でプレゼンテーション・ソフトを用いたり，CALL（Computer Assisted Language Laboratory）教室や電子黒板システムを用いるなどして，情報の提示や思考内容の共有をすることが多くなってきました。ICT 機器でなくとも，小黒板やマグネットカードといった教具や，普通の紙のプリント類まで，黒板以外の媒体を活用する授業は一般的です（「黒板」ではなく「白板（ホワイトボード）」も一般的になってきましたが，ここでは総称して「黒板」としておきます）。

　そのような中で板書を計画するには，他の媒体との「住み分け」を意識することが大切です。黒板でしかできない，あるいは，黒板だからこそ効果的なことは何か，と考えるわけです。例えば，事前に準備した内容をそのまま提示すればよいもの，あるいはアニメーション等の動きがある方がわかりやすいものは，プレゼンテーション・ソフトを使うのが便利でしょう。一方で，授業中の学習者の発言を拾って，その場で指導に反映させる場合は板書が便利です。文法の説明でも，文の作り方などの基本的な説明はプレゼンテーション・ソフトで行い，その文法を使ってその場で学習者に作らせたオリジナルの英文は黒板に書いて全体で共有する，といった使い分けができます。一般的に，プレゼンテーション・ソフトは情報提示が速いことがメリットですが，学習者からすると，速すぎてついていけないという問題が起こりがちです。その点，板書は学習者の思考の速さに合わせることができるというメリットがあります。

2. 基本的な考え方

　そのようなことを考えると，何を板書すべきかは，ある程度絞られてきます。まず，授業が終わったときに学習者の手元に残しておきたい情報は何かと考えます。そのうち，込み入った説明や用例など，学習者が黒板からノートに書き写すとなると時間がかかったり，写し間違いが起こったりしそうなものは，プリントにまとめます。ただし，記号やメモなどを書き込むゆとりを持たせておきます。教科書準拠の予習ノートやワークブックのような副教材がある場合，それを活用すれば手間が省けます。

　その上で，何を板書するかを決めます。プリント等に記載した内容でも，再度板書することには意味があります。口頭だけで説明していると，たとえ学習者の手元にプリントがあっても，ちょっとしたタイミングのずれで，「今，どこの話をしているのだろう？」とわからなくなる学習者もいます。また，プリントの文字情報で理解したい者もいれば，授業者の口頭説明で理解したい者もいます。全員が授業に参加できるようにするためには，プリントと板書が重複することは，決して無駄なことではありません。

　以下に板書の例を1つ見てみましょう。いわゆる SVOC の文型を扱うとします。

配付プリント	板書
(2) make A B　「A を B にする」 　The news made　us happy .	(2) 　　　　　　　　　　A　B The news [made] [us happy]. 　　　　　主　述 　　　　　—は　〜だ

プリントには見出しを付けて，学習者が復習するのに都合がよいようにしていますが，板書では，プリントのどの部分を扱っているかがわかればよいので，番号だけを書いています。また，プリントの英文には，単語と単語の間にやや不自然なスペースがありますが，これは，板書にあるような記号などを書き込む余裕を持たせているためです。授業では，プリントと同じ英文が板書され，その上に記号や補足説明などを書き加えながら口頭で説明することになります。学習者が板書から書き写す量が抑えられているので，授業進行に支障が出にくくなっています。もちろん，学習者の負担を軽減したり，欠席した学習者に授業内容を確実に伝えたりする目的で，

最初から板書の内容をプリントに記載しておくこともあってよいでしょう。
その場合でも，板書をすることに意味があるのは上に述べた通りです。

3. 完成形をどうするか

　板書計画では，授業が終わった時に，黒板にどのようなことが書き残されているかをイメージすることが大切です。「関係代名詞 who」という見出しの下に who を使った用例やその説明が書かれていれば，「今日は関係代名詞 who を勉強したのだな」ということがわかりますし，"How can we reduce the amount of waste?" とあって，ごみを減らすアイデアなどが書かれていれば，「今日はごみ問題についてディスカッションしたんだな」ということがわかります。学習者が復習時，ノート等に写した板書を見て，何の学習をしたのかが明らかであるような板書が望ましいでしょう。

　その意味では，いわゆる「1 枚板書」は，目指すべき板書の 1 つの形でしょう。「枚」とは教育界の慣用表現で，授業中に何回新しい内容を書くかを表します。最初に書き始めた内容が「1 枚目」で，それを途中で消して新しい内容を書けば，それが「2 枚目」というわけです。したがって「1 枚板書」とは，授業中に 1 度も消すことなく，その授業で書いた内容がすべて最後まで残っている板書を意味します。学習者が常に「今，何を学習しているか」を把握しながら授業に参加できるのがこの「1 枚板書」のメリットです。どうしても板書の量が多くなり，1 枚では収まらない場合は，プリントなどを活用して，学習者が授業の全体像を見失わないようにする配慮があるとよいでしょう。※

※ただし，授業の最後に板書をところどころ消しながらその日の練習を促すといった応
　用的な活動もありえます。

4. 板書のレイアウト

　板書のレイアウトに「正解」はありません。左・中・右に 3 分割する場合もあれば左右 2 分割のこともあるでしょうし，上下に分けることもできます。そもそも黒板のサイズによる制約がありますので，一概に「これがよい」とは言えません。ただ，ある程度自分なりにルールを決めておくと板書計画が立てやすくなります。例えば，左・中・右の 3 分割のうち，中を少し広めにとって，左右を狭くします。その授業でメインの内容

は中エリアに書き，語句の知識等は左エリアに，学習者の発言は右エリアに書く，といったやり方があります。学習者の側も，「この先生はこういう黒板の使い方をする」とわかっていれば，ノートを取る際に工夫しやすくなります。

5. 板書の内容

　黒板に書き残すものを，教材内容と教科内容（→第5章第3節）のどちらを主体にするかは，「授業後，学習者の手元に何を残したいか」という観点から吟味して決めます。特に，読むこと主体の授業では，内容理解の重要度が高いため，板書も教材内容に関することが多くなりがちです。例えば題材が「宇宙ごみ」である場合，宇宙ごみとは何か，どこにどれくらいあるか，どのような問題があるか，といった内容を板書するかもしれません。主たる言語活動が，宇宙ごみについて調べ学習をしてプレゼンをしたりディベートをしたりという，教材内容を活用したものであれば，それでもよいでしょう。

　しかし，もしその授業が，例えばディスコース・マーカーの把握といった教科内容に重点を置くものであるのなら，板書も教科内容に関するものにするのが適切です。あるいは，「授業を展開するための情報」と「復習時に必要な情報」を分けて考え，前者は板書で扱い，後者はプリントにまとめるなど，別の手立てで保障するように計画することもできます。

6. 学習者参加型板書

　黒板を学習者に開放する局面も設けてみましょう。学習者から多様なアイデアや意見を募る場合，小黒板や情報端末，あるいは紙片を用いることができますが，場合によっては学習者自身に黒板に書いてもらった方が簡便であり，あるいは学習者どうしのインタラクションが促されるなど都合が良いこともあります。黒板も，学習者の周りに存在する多様なツールの1つと考えてみると，新たな活用法が見つかるかもしれません。

（山岡大基）

> ☑板書計画は，他の媒体との「住み分け」を意識する。
> ☑板書に学習者を参加させることも考える。

第**8**節　教材をリライトする

　授業で教科書・教材の本文を活用するのは当然ですが，与えられた本文をそのまま使うだけでなく，リライト（書き換え）版を準備することで，学習者の本文理解を助けたり，授業内の活動を展開するのに役立てることができます。

1. 英文の難しい箇所を生徒がわかり易い表現にリライト

　指導している学習者にとって，難しいと予想される箇所については，あらかじめ授業者側でリライトしたものを準備しておくと便利です。例えば，以下の英文はプラスチックごみが海へ流れ着いて環境破壊を引き起こしていることを述べている文です（*Panorama English Communication 1* Lesson 10, 大修館書店）。

Think of plastic items such as straws and bags. Some of them end up in the sea. There is now a monstrous patch of plastic garbage forming in the Pacific Ocean.

この英文に関して，次のようなことが考えられます。

- end up in the sea という表現はわかりづらいかな
- a monstrous patch of という表現は少し難しいかな

　語彙レベルで英文をリライト（あるいはパラフレーズ）する場合，第1章第6節で紹介したように，英英辞典の定義やシソーラスを利用すると，代替表現を見つけることができます。多少の意味変化が生じてしまうことは認識しておかねばなりませんが，これらのソースを使うと，上の英文は例えば以下のようにリライトできます。

Think of plastic items such as straws and bags. Some of them <u>reach the sea</u>. There is now <u>a very large area of</u> plastic garbage forming in the Pacific Ocean.

　次は，文法的に複雑な文について考えてみましょう。文構造を分析した上で，より単純な文にリライトできないか考えてみます。例えば以下の英文を例に考えてみます（*Crossroads English Communication I* Unit 4, 大修館書店）。

Every year volunteers nationwide set up thousands of lemonade stands to make money for a charity called Alex's Lemonade Stand Foundation (ALSF).

　この英文の中に様々な文法事項が入っていて，学習者は文構造と意味がわかりにくいと判断した場合，以下のように，より単純な表現にリライトしたものを提示することができます。ここでは，元の文を，より短い文に区切ったり，表現を補ったり，受動態の主語を明示したりすることで，英文の難易度を調整しています。

Every year volunteers nationwide set up thousand of lemonade stands. The volunteers are making money for a charity. The charity is called Alex's Lemonade Stand Foundation (ALSF).

2. 目的・話題，読み手との関係性，状況，媒体などに応じてリライト

　言葉は，目的・話題，情報の受け手との関係性，状況，媒体（会話，新聞，eメールなど）といった文脈的要素に沿って表現が選択され，それらが組み合わさって構成されます。そのため，文脈的要素に変更が生じれば，言葉のどこかに変化が生じることになります。例えば，友達どうしが教室で会話をするという場面においても，話題が，昨日見たバラエティー番組の感想をお互いに話している時と，数学の授業で習ったことをお互いに確認している場合では，後者の方がやや堅い表現が多く含まれることが予想されます。また，親しい友達どうしの会話と顔見知り程度の間柄での会話では，内容はもちろん表現も大きく変わります。さらに，同じ親しい友達に向けての言葉でも，日常の会話と結婚式でのスピーチでは大きく異なるでしょう。教材の文章も様々な文脈的要素に基づいて選択された表現が結びついて構成されています。

　教材本文をひな形として，文脈的要素を様々に変化させた場合の文章を学習者に考えさせることは，コミュニケーション能力を育成する上で有益

です。そして，このような活動を円滑に行うためには，授業者の方でその文章をリライトしたものをいくつか事前に準備しておくことが必要になってきます。

例として，以下のeメールを取り上げてみます（*Perspective English Expression I* LESSON 9，第一学習社）。まずは，初読してみましょう。

To	Kenneth Lim
Subject	Party on Saturday!
📎	map to my apartment.jpg (128KB)

Hi, Ken. How are you doing?
I'm going to have a small party at my place to welcome my new classmates this Saturday at 6 p.m. I wonder if you could join us.

Please let me know by email if you could make it by Thursday.
If you can come, please bring something to eat or drink. This is a potluck party. Anything is fine.

Attached please find the map to my apartment.
You should take the No. 15 bus from the station.
Then get off at Layton Park.
My apartment building is just in front of the bus stop.
Please take the elevator to the 12th floor.
My apartment is #1204.

Take care and talk to you later.

Judy

まず，この文章の文脈的要素に関して，以下のようなことが考えられます。

- これはパーティーの誘いと出欠確認のためのメッセージだな
- 家の地図を添付していたり，Judy の家への行き方を詳しく説明しているところをみると，Ken は Judy の家に行ったことはないのかな等

では，このeメールの文脈的要素を変化させて，それに応じてリライトしてみましょう。表現の調整や，情報の取捨選択が必要になります。例えば，Ken と Judy がより親しい間柄であるとして，文面をもう少しカジュアルにしたい場合は，Judy の家への行き方の説明は，以下のようにリライトできるでしょう。

> Please have a look at the map to my apartment which I'm attaching to this email. Take the No.15 bus from the station and get off at Layton Park. My apartment building is just in front of the bus stop. Take the elevator to the 12th floor. My apartment is #1204.

リライトした英文では，"Attached please find ..." という e メール特有の，やや堅い表現を書き換え，また，いくつかの英文を命令文にしています。

　では，Ken が Judy の家を知っている場合の e メールにリライトする場合はどうでしょう。この場合は，Judy の家への行き方に関する説明は不要になります。また，Judy のクラスメートが宗教上の理由などで食べることができない物がある場合は，"Anything is fine." の部分を書き換える必要（持ってくるのを避けるべき食べ物を示しておく）が出てくるでしょう。

　このように，授業者側で事前に文章の文脈的要素を分析し，いくつかのケースに応じてリライトしたものをモデルとして準備しておけば，学習者に自分自身で英文をリライトさせる活動へと展開させていくことができるでしょう。ここで例示したのは e メールのリライトでしたが，他にも説明文のリライト（表現を調整して内容を取捨選択し，小学生向けの文章にリライトする），物語文のリライト（別の登場人物の視点に立って物語をリライトする）など，様々な活動が計画できます。

（西原貴之）

☑英文の難しい箇所を学習者がわかり易い表現にリライトしたものを準備しておくと，本文理解を助けることができる。
☑文脈的要素に応じてリライトしたものをモデル文として使いながら，学習者自身が英文をリライトする活動を展開することができる。

新人期に大切なこと

　新人期を振り返ってみると，生徒にも先輩の先生方にもよくぞ我慢していただいたと感謝すると同時に反省の連続です。かろうじて当時の自分を褒めてあげられるとすれば，授業をしている時の生徒の反応や雰囲気に対する感受性と，感じたことをありのままに受け入れることができた点であると思います。これは，私が特別なわけではなく，新人の先生たちは経験や拠り所になる理論が少ない分，生徒の表情や，微妙な空気を感じ取る感受性は豊かなのではないかと思います。

　最初は不慣れですから，生徒の授業中の退屈そうな表情や，時には苛立ったような言動を目にしたり感じとったりすることが多いのではないかと思います。そういった1つひとつの反応を見過ごしたり，生徒のせいにしたりせずに，「どうやら自分の授業は不十分である」ということを受け入れ，自分が感じたことに1つひとつ向き合っていくことがとても大切です。もちろん，生徒の好ましい反応を引き出すことができれば「自分の授業は良かったようである」と受け入れ，その理由を分析することも同じくらい大切です。そうやって，生徒が感じていること，自分が感じていることに真摯に向き合うことで授業観察，授業分析，生徒把握の正確さが高まっていったように思います。

　そうやって数年が経った時，生徒を見ていると，その生徒を教えているベテランの先生の指導が透けて見えるようになりました。そうやって透けて見えた指導を真似るようになってから，生徒の反応もそれまでと全く変わってきたように思います。

　新人の先生にとって，生徒のネガティブな反応や自分のふがいなさと向き合うことは，とても苦しいことだと思います。私も先輩の先生方に相談にのってもらったり，校庭のベンチに腰掛けて，何が駄目なのだろうと遠い目で自問自答を繰り返していましたが，そういった経験の積み重ねのおかげで，多少なりともかつての自分が思い描いた理想には近づけたのではないかと思います。自分が感じたことに対する正直さゆえに思い悩むことは，いずれ大きな財産になるのではないかと思います。

（久松功周）

第 3 章

授業　Do

第**1**節　授業の雰囲気を作る

　この節では授業の効果を最大限に高める雰囲気作りに関して，常に心掛けることと，毎時間の始めに心掛けることの 2 点に触れていきます。

1．常に心がけること

　まず意識しておきたいのは，授業者の持つ雰囲気が授業全体の雰囲気を作るということです。授業は学習者数十人に対して一人の授業者が行うことが珍しくありませんが，学習者全員が意欲を持って授業に臨んでも，授業者の側に授業に対する意欲がなければ次第に生徒の意欲も下がっていきます。反対に，英語が嫌い・行事等の後で疲れているといった様々な理由で授業に対する意欲が低い学習者であっても，授業は楽しいものだということを授業者が体全体で表現しながら授業を行えば，次第に感化されていくものです。

　授業者も学習者も楽しいと思える授業にしていくために必要な要素として，（1）適度な緊張感，（2）スピード感，（3）笑顔が挙げられます。適度な緊張感とは授業規律です。言語を扱う授業なので，学習者の活動中の発言は許容されないといけませんが，授業に全く関係のない発言に対しては毅然と指導する必要があります。また，授業に全く参加しない学習者は放っておかず，適宜，発問を与えたり，他の学習者とのグループ活動に巻き込んだりする必要があるでしょう。

　次に，授業の進行に関する適度なスピード感は，授業者の発話速度と活動の時間制限によって生み出します。授業者があまりに速く話してしまうと学習者は聞き取れず集中力が続きませんが，逆にゆっくり話し過ぎても退屈します。学習者が，少し速いな，と思うくらいの速度で話すと授業のリズムを作ることができます。また，活動の制限時間を設けることで活動が間延びするのを防ぎ，学習者の集中力を保つことにつながります。もちろん，そうしたスピード感は，学習者が全員授業に参加できる程度のスピードであることが前提ですので，その速さについていけなくなる学習者がいないか，常に観察しながら調整する必要があります。

　最後に笑顔とは，文字通り，授業中に授業者も学習者も笑顔になる時間を作り出すことを指します。学習者は授業での成功体験により笑顔になります。例えば，それまでできなかったことができるようになった時です。また，クラスメイトの前で上手に発表できたり，ペアでタスクに成功したりした時も笑顔になります。時には授業者がジョークを言って笑わせることもあるでしょう。何よりも授業者自身が笑顔で授業に臨みたいものです。

　この他，雰囲気作りとして常に心掛けるべきなのは，学習者が不安なく英語を話せる雰囲気を作るということです。発達段階や学習状況によっては，学習者が英語を話すことを困難に感じる場合があるかもしれません。そういった場合，一朝一夕に状況を変えることはできませんが，1か月後には，半年後には，場合によっては3年後には「このようなことを英語で話し・聞けるようになって欲しい」という見通しをもちましょう。学習者が英語を話す雰囲気を作る上で一番大切なことは，授業者自身が「英語の授業は英語で行う」という強い信念を持ち続けることです。

2. 毎時間の授業の始めに心掛けること

　毎時間の授業の始めは，学習者によっては休憩時間からの気持ちの切り替えができていなかったり，頭が「英語モード」になっていなかったりして，いきなり教材の内容や難しい活動をできる状態ではないことがあります。そこで，授業の始めには，全ての学習者が授業に対する気持ちと頭の準備ができるような工夫をします。ただし，その時間も貴重な授業時間の一部なので，目的のない「楽な」時間にするのではなく，前時や本時とのつながりを持たせたり，英語の基礎トレーニングとなるようなやや負荷のかかる活動，例えば，英単語ビンゴ，1分間スピーチ，英字新聞の読み取りなど行います。その際，今月は○○，週の1回目は□□，のように帯活動としてルーティン化すると，学習者はより安心して授業に臨むことができます。

（中本大輔）

> ☑適度な緊張感・スピード感・笑顔を意識して授業の雰囲気を作る。
> ☑やや負荷のかかる活動で授業を始める。

第**2**節　範読する

　英語を正しい発音，イントネーション，リズムで話す（アウトプット）ためには，まずは，正しい発音，イントネーション，リズムで読まれる言語をたくさん聞く（インプット）必要があります。範読は，この適切なインプットとしての役割を果たします。ここでは，授業者が読み方の手本として学習者に読んで聞かせることに限らず，「CD 等の音源による音声」で読み聞かせることも含めて考えることにします。

1. 授業者による範読と CD 等の音源による範読

　まずは，授業者による範読と CD 等の音源による範読のメリットとデメリットを整理しておきましょう。その上で，それぞれの特徴をしっかり意識して，目的に応じてどちらの方法を選ぶのかを検討しましょう。

表　範読の方法と特徴

授業者による範読	CD 等による範読
○ 学習者にとって聞きなじみのある声であるため，聞き取り易い	△ 聞きなじみのない声であるため，聞き取りにくいことがある
○ 学習者の理解度に応じて，速度を柔軟に調整することができる	△ 多くの場合，一定の速度で読まれるため，速度調整が難しい
○ どの箇所からでも始められ，聞かせたい箇所を何度も簡単に繰り返すことができる	× 決められた箇所以外から始めたり，同じ箇所だけ繰り返したりするには手間がかかる
× 発音を間違えたり，滑らかに読めなかったりすることがある	○ 正しい発音で滑らかに読まれる
× 範読の間，学習者の理解度を確認しにくい	○ CD 等を再生している間，授業者は学習者の観察をして理解度を測りやすい

2. 範読のタイミングと目的

　範読は，上記いずれの場合も，学習者にその目的と範読中にすべきことを伝えずに，ただ漫然と行っても期待された効果は得られません。

　語や文章の導入時に行う場合は，正確でオーセンティックな発音やイントネーション等を意識させることが範読の目的になります。単語であればアクセント位置に印をつける，特定の発音を含む語を聞いたら手を挙げるといった指示ができます。文章であれば，息継ぎの区切りにスラッシュを引く，抑揚をつけて読まれた箇所には印をつけるといった指示ができます。

　語や文章の意味内容の理解時に行う範読の場合には，当然ながら意味や内容に学習者の意識を向けたいので，単語であれば読まれた語に合うピクチャーカードを選ぶ，フラッシュカード等によって示す日本語訳を見る，といった指示ができます。文章であれば，登場人物の発言箇所のみ書き取る，範読後に内容理解問題を解く，といった指示ができます。

　語や文章の理解後に行う場合は，理解した内容を音声化することで言語材料を使える形で定着させることが範読の目的になります。その際，リピーティングやシャドウイングをする，書き取る，といった指示ができます。いずれの場合も，範読中学習者が聞き流すだけにならないよう留意します。

3. 授業外で範読を聴く活動につなげる

　最初に述べた通り，正しい発音，イントネーション，リズムで読まれる言語をたくさんインプットすることはとても大切です。しかし，授業内だけのインプットでは限界があります。そこで学習者には，授業外でも質の良いインプットに触れるよう促しましょう。具体的には，教科書の音声CDやリスニング教材を繰り返し聴く，ラジオ英会話やインターネット上の英語学習サイトを視聴する，といったことの重要性を繰り返し伝えると良いでしょう。また，その際には，学習者が受身にならないよう，先ほど述べた目的に応じた活動指示もしておくべきです。　　　　　（中本大輔）

☑授業者による範読とCD等の音源による範読のメリット，デメリットを意識する。
☑授業内外で，学習者に目的や効果を意識させた範読の機会を増やす。

第**3**節　板書する

　板書は，授業を行う上で必ず行うものです。ここでは，板書をする際に考えておきたいことを説明します。

1. 学習者のことを考えた板書
（**1**）時間
　板書した事柄を学習者にノートに書かせる場合，書くのが遅い学習者は授業者が板書を終えてしばらく経っても，ノートを写すのに時間がかかる場合があります。そのため，そのタイミングで授業者が説明をしてしまうと，説明を聞けない学習者が出てきます。そこで，板書した後に学習者がノートを取る時間を確保するか，一度手を止めさせ説明を聞くよう指示をしましょう。また，板書をすぐに消してしまうと，学習者が後からその内容を振り返りたい時に見ることができなくなってしまいます。1回の授業内で消す板書は最小限に留めましょう。
（**2**）位置
　全ての学習者が見やすいようにと黒板の真ん中から板書し始めると，板書量が多い場合には黒板の右側のスペースを使いきってしまい，最後は左側を使うことになります。そうすると，学習者からは見にくい板書となってしまいます。あらかじめ，その授業で行う板書量を頭に入れた上で，黒板を2分割や3分割で使い，どこに何を板書するのかについて計画しておくと良いでしょう。
（**3**）色
　板書を行う際，白1色で板書するよりも数種類の色を使い分ける方がメリハリが出ます。その際，文法事項は黄色，日本語訳はピンクのようにその授業でのルールを作っておくとわかり易いでしょう。ただし，やみくもに色を使い過ぎることも危険です。色覚の特性によっては色の識別が困難な場合があります。特に，濃い緑や赤は黒板の色と同化して見えにくい可能性があるので，色の見えやすさについては，年度当初に学習者本人や保護者・クラス担当の教員などに確認しておくのがよいでしょう。

2. 板書時間の節約

(1) ピクチャーカード等を使う

　学習者の活動の時間を確保するため，板書時間は積極的に節約しましょう。その手段の１つは，ピクチャーカードや手作りカードを使用することです。絵や何度も使うあいづち表現（I see. / Sounds good. など）は，事前に用意したカードを磁石で黒板に貼り付けるなど工夫することができます。

(2) プロジェクターで投影する

　パソコンやタブレットをプロジェクターにつなぐことで，様々なデータを黒板に投影できます。写真や文書作成ソフトで作った単語カードなど，可能性は無限にあります。また，付属のペンなどで書き込みができる情報端末を持っていれば，端末上で書き込んだ内容を，プロジェクターを通して投影できるため，黒板に板書するのと同じ作業が効率的にできます。例えば，教科書本文が打ち込まれたデータを映し出し，そこに書き込みを加えていけば，本文を板書する時間が節約できます。

(3) 学習者１人ひとりの情報端末を黒板代わりにする

　板書は，教師のみが行うものとは限りません。教室内の全ての学習者が，ネットワークに接続でき，また，書き込みが可能な情報端末を１台ずつ持っている場合は，アプリケーションなどを使うことで黒板として使うことができます。代表的なものとしては Google Jamboard があり，授業者に加え，生徒１人ひとりが書き込むことができるうえに，グループごとに異なるシートを割り当てることができるため，書き込み内容を基にブレイン・ストーミングやポスター作成活動などにつなげることができます。さらには授業者がそれぞれのグループの進捗状況を確認したり，特定のグループのシートを生徒の情報端末上で共有したりすることもできるので，物理的な黒板にとらわれることなく，教室を飛び出して授業を行うことも可能です。

（中本大輔）

☑時間，位置，色に気を配り，学習者に配慮した板書を心掛ける。
☑ICT 機器の活用で板書の時間を節約し，授業の可能性を広げる。

第**4**節　演示・提示する

　文法や語句などの新出事項や，初めて行う活動などの導入の際には，その困難点を解消し，その事項や活動に対する興味を喚起する必要があります。そのため，いきなり講義形式で説明するのではなく，言語の使用場面を考えて文脈を提示したり，既習事項との対比をうまく利用して，学習者が自然に理解でき，かつ学習への動機づけがなされる方法で導入したいものです。

1. 文法の演示や提示

　新出の文法事項を導入する時には説明から始めるよりも，言語の使用場面を踏まえて演示した方が学習者の理解を促すことができます。また，既習事項と関連のある事項を導入する場合は，その点も踏まえながら演示するとよいでしょう。例えば最上級を導入する際には以下の演示が考えられます。

T: Last month, we took the *shinkansen* on our school trip. How many *shinkansen* names do you know?

S1: *Hikari*, *Kodama* and *Nozomi*!

T: Good. Then, do you know which is faster, *Kodama* or *Hikari*?

S2: *Hikari*!

T: Yes. Then, which is faster, *Hikari* or *Nozomi*?

S3: Let me see … *Hikari*?

T: Sorry, in fact, *Hikari* is not faster than *Nozomi*. That means *Nozomi* is faster than *Kodama* and *Hikari*. Now we can say "*Nozomi* is the fastest of the three". Let me say again, *Nozomi* is the fastest of the three.

2. 語句や文章の提示

　新出語句を導入する際には，学習者の頭の中で文字と音声と意味をしっかりと結び付ける必要があります。そのために有効なのは，実物やピクチ

ャーカードを見せたり，フラッシュカードを提示したりしながら発音させる方法です。特に，フラッシュカードは，語句をさっと見せた（flash）後に綴りや意味を学習者に言わせることで，定着を促すのに適しています。

　文章を導入する際には，範読に合わせて挿絵や写真などを提示することで学習者の理解を促すことができます。また，読解後の音読活動の際には，プレゼンテーション・ソフト等で文章の一部を隠したり文章が徐々に消えていくように提示することで，活動の難易度を調整することもできます。

3. 活動の演示や提示

　ロールプレイやディベートなどの活動の指示を出す時には，方法やルールを言葉のみで説明すると，時間を取る割には学習者に伝わりません。それよりも，実際に演示してみせてから注意点を簡単に言葉で説明する方が，時間もかけずしっかりと伝えることができます。

　ティーム・ティーチングならば，授業者2人で演示することができますが，実際の授業では1人で教える状況も多いでしょう。その場合でも以下のような演示ができます。まずは，指名した学習者を相手役に見立てて演示する方法です。その学習者がスムーズに行えるよう，ある程度こちらで誘導してあげる必要はありますが，簡単な活動なら容易に演示することができます。次に，録画した動画を用いて提示する方法です。事前にALTや他の教師と活動場面を録画しておいたものをプロジェクター等で見せます。事前の準備とICT機器が必要になりますが，内容を確実に伝えることができます。この方法で特に効果的なのは，過去の先輩達の活動動画や成果物を提示することです。過去の授業におけるスピーチやディベートなどの様子を見ることで，授業者が要求する到達目標を明確に伝えることができ，また，自分たちにとって身近な先輩が頑張っている姿に刺激を受け，学習動機が高まる効果も期待できます。模範となるような作文やポスターなどの成果物も，可能な限り保管しておいて提示するとよいでしょう。

（中本大輔）

☑言葉による説明に具体的な演示・提示を加え，学習者の理解を促す。
☑演示・提示の方法は多様なので，いろいろ試してみる。

```
┌─────────────────────────────────────────────────┐
│ ■ 第5節　指名する・フィードバックする            │
└─────────────────────────────────────────────────┘
```

1. 指名・フィードバックの前に

　授業の中で行われる指名・フィードバックは，学習者にとっては刺激的な瞬間です。指名があると，授業者や他の学習者の意識が該当の学習者に向けられますし，授業者からのフィードバックでは，学習者のパフォーマンスに対する評価が明確になり，そのことが緊張感を生みます。したがって，効果的に用いれば学習を勢いづけることができる一方で，使い方を誤れば学習動機を下げることにもつながります。授業者の力量が問われる場面ですが，基本的には，「緊張感をもたせること」だけを目的として用いることは避けましょう。例えば，授業を聞かないから，緊張感を持たせるために指名・フィードバックするという場面が多くなると，指名・フィードバックが単なる懲罰となってしまい，負の効果をもたらすことになってしまいます。いずれも「ねらいとした学力を身につけさせる」ための手段として用いるべきです。そのためには，授業者がその指名・フィードバックを通じて，学習者にどのような力をつけることをねらいとしているのかを明確にしておく必要があります。

2. 指名

　まず，指名の目的としては，①学習者に緊張感をもたらす，②指導内容の定着の確認，③学習者のパフォーマンスによるモデルの提示などが挙げられます。上述したように，①緊張感をもたらすことを目的として漠然と指名するよりも，②の指導内容の定着の確認や③のモデル提示を目的とした結果，適度な緊張感がもたらされる，という方が好ましいでしょう。

　したがって，基本的には指名を行う前にはねらいとする学力を具体的に提示し，練習させ，その上で指名することが大切です。また，前時の授業で既に既習事項となっているポイントについては，事前の指導なく指名することも考えられますが，いずれにしても学習者が「何がねらいなのか」を把握した上で指名を行うことを基本としましょう。③のモデルの提示については，授業者が示すモデルよりも学習者のパフォーマンスの方が，他

の学習者にとっては，より現実的なモデルになり得ます。したがって，活動を行わせている間のモニタリング（観察）で良いパフォーマンスをあらかじめ見つけておいて，それをモデルとして提示させる，という目的が学習者に伝わる形で指名をすると効果的です。

3. フィードバック

　フィードバックは，授業者のねらいが明確になる場面です。授業者がねらいを明確にしていないと，"Good!" や "Nice try!" といった，漠然としたフィードバックになってしまい，授業者がねらいを欠くことが露呈してしまいます（授業者と学習者の間でねらいが共有されている場合は，このようなフィードバックでも問題はありません）。例えば，現在完了の継続用法の指導を初めて行った後，学習者が以下のような文を産出したら，どのようなフィードバックをするでしょうか。

He have lived in Hiroshima for five years.

　感覚的には「気になるところはあるけど，それなりにできている」と受け止められるのではないでしょうか。具体的に言えば，現在完了の構造・語順は正しく用いているが，活用に関わる部分が誤っている，となります。現在完了の指導が主眼であれば，構造・語順を正しく用いることができていることに対してはっきりと肯定的なフィードバックを行った上で，（本当にうっかりかどうかはわからなくても）「活用のうっかりミスには気をつけて」など言いながら，活用に関わる点をさり気なく修正するなど，あくまでねらいとしている部分の理解を助けるように，指導の優先順位に従ってフィードバックの重みづけを行いましょう。

（久松功周）

☑ねらいを明確にして指名・フィードバックをする。
☑ねらいに応じてフィードバックの重みづけをする。

第**6**節 空間を管理する（生徒隊形・立ち位置）

1. 空間が授業を支配する

　授業を行う際には，学習者や教材，発問や活動など，「指導」に直結する要素に意識が向かいがちですが，その指導の成否に影響を及ぼす「空間」にも目を向けましょう。通常，授業は教室で行われ，学習者は椅子に座り机に向かって学習していることでしょうが，仮に，校庭で授業をすることになり，机や椅子がなくなったら，どんな影響があるでしょうか。「隣の人とペアを作ってください」という，教室では当然のように理解される指示も，何らかの工夫なしでは通らなくなるでしょう。なぜなら，「隣」の基準となっていた机や椅子がないため，学習者からすると誰が「隣」なのかがわかりにくくなるからです。また，授業者の声量も，教室の時と同じでは学習者に届かず，学習の秩序が失われてしまいます。

　普段，気に留めることもないかもしれませんが，授業のあり方は，空間によって決まってくる部分が大きいのです。特にペア・ワークやグループ・ワークを行う際には注意が必要です。ここでは，ペア・ワーク，グループ・ワークを行う際の，学習者の位置関係をどう工夫するか見てみましょう。

2. ペア・ワークにおける工夫

　音読活動において声量を指導するときに，単に「声を出しなさい」と学習者に投げかけるだけでは，思うように声量が上がらないことがあります。そうした場合は，学習者間の距離を工夫してみます。ペア・ワークでは，特に指示をしなければ，学習者はお互いの声が聞きやすいように距離を近づける傾向にあります。そこで，次ページ図１のように２人の間に机を挟んで立たせて，例えば「相手が読み上げた１文を，教科書を見ずにリピートしましょう」という指示を出します。そうすると，少し離れた相手に聞かせるために声量を上げる必然性が生まれます。このペア・ワークを経た後に，「先ほどリピートした声量で音読しましょう」と指示をして音読をすると，学習者はどれくらいの声量を出せばいいのかイメージできるので，自然と声量を大きくすることができます。

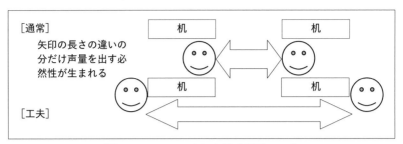

図1　ペア・ワークにおける距離の工夫

3.　グループ・ワークにおける工夫

　4人以上のグループでの話し合いなどを行う際にも，学習者の位置関係に配慮をします。例えば，司会と書記という役割があれば，学習者は書記が司会の声を聞き取りやすいように司会と書記の位置を近づけようとします。しかし，司会と書記の距離が近いと，司会は書記に向かってしゃべってしまい，他のメンバーに注意が向かなくなった結果，司会と書記だけで議論が進んでしまう傾向があります。それを防ぐために，司会と書記など，話し合いの中心になる学習者を対角線上に位置すると，司会と書記が参加者全員を視野に入れながら話す傾向になるため，全体を巻き込んだ話し合いになります。　　　　　　　　　　　　　　　　　　　　　　　（久松功周）

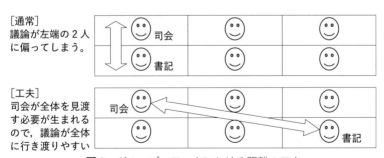

図2　グループ・ワークにおける距離の工夫

☑授業を行う空間が授業のあり方に影響することを認識する。
☑学習者や机，椅子の位置関係によって生まれる変化を活用する。

第**7**節　時間を管理する

1. 授業時間は細切れにして管理

　授業を準備する際，各活動への時間配分を考えるのは意外と難しいことです。学習者が思惑通りに反応してくれるわけではなく，計画したように授業が進まないことはよくあります。それでも，無計画でよいということではなく，ある程度イレギュラーな展開にも対応できるように計画することは大切です。

　時間管理の基本は，授業時間を細切れにすることです。50 分授業であれば，「15 分＋20 分＋15 分」のように大きく分けるのではなく，例えば「5 分×10」のように考えます。その理由の 1 つは，学習者の時間感覚です。テレビ番組は 10 分ほどを単位にして CM が挿入されるので，それに慣れている学習者の集中力も，その程度の持続時間にチューニングされている，と以前から言われてきました。最近では動画サイトを視聴する中高生も多く，そこでの動画は 1～2 分，短いものなら 5 秒程度です。さらに，動画を最初から最後まで見る義務はなく，自分の見たいところまでスキップしたり，面白くないと思えば視聴をやめたりすることもできます。

　もちろん，英語の授業がその感覚に迎合する必要はなく，授業では「これが勉強するときの時間の使い方だ」と学習者を鍛えることはあってよいでしょう。一方で，「起伏のない 15 分の講義」では学習者の集中力が耐えられず，学習効果を下げる可能性があることも念頭に入れておかねばなりません。

　時間を細切れにすることには，授業運営の観点からもメリットがあります。上述のように，授業では授業者の意図したとおりに学習者が反応してくれるとは限りません。学習者中心の授業ではなおさらです。教材が予想以上に学習者にとって難しく，追加の説明や練習が急きょ必要になる場合もあります。そのようなときに，短い時間を単位とすれば例えば「5 分×2」で計画していた言語活動を，その場で「5 分×1」に切り替えて追加の時間を吸収したり，どうしても時間内に収まらなかった 5 分の活動を，次の時間の冒頭に持って行ったりするなど，柔軟な対応がしやすくなりま

す。学習者の側もある活動でつまずいても，数分経てば次の活動に移行するので，授業から脱落しにくくなります。

このとき，いわゆる「帯活動」（本時の目標とは直接関係はないが，中長期的な目標を達成するために必要な内容について毎時間繰り返し学習・練習する活動）の発想が有効です。すなわち，授業中のある5分間で行う活動と次の5分間で行う活動が連動している必要はないということです。例えば，教科書の内容理解においては，言語活動における目的・場面・状況を設定するという観点から，内容理解と連動する「内容理解後」の活動を用意して，読む・聞く目的を明確にするのがよいとされています。ただし，それが1時間の授業の中で連動している必要はなく，「内容理解後」の活動は次時にまわして，本時の中では内容理解の後に，学習者の思考の流れに配慮した上で，別の独立した活動を行うことも可能です。このように，まずは授業準備の段階で，時間管理がしやすいように計画しておきます。

2. 時間管理の注意点

英語の授業ではタイマーを利用して活動の時間を管理することがよく行われています。スポーツ用の大きなタイマーは学習者にも見えやすいので，学習者自身が時間を意識しながら活動に取り組めるメリットがあります。逆に，小さなキッチンタイマーなどは，あえて学習者に時間を見せたくない場合に使えます。例えば，活動を行う際に「3分間で」と指示をしたとしても，活動の様子を見ていくらか微調整したい場合などがあります。なお，原則的には，学習者に3分間与えると言ったら，3分間は保障すべきです。延長する場合はその旨伝えれば，あまり不満も出ませんが，逆に短縮すると，学習者からは約束を破られた形になるので，これは避けるべきです。また，授業終了のタイミングを見計らうことも大切です。授業時間が過ぎれば学習者の集中力は切れますので，休憩時間まで説明を続けるのは論外です。また，終了間際に多量の板書をすることも学習者の休憩時間を奪うことになるため避けましょう。

（山岡大基）

☑時間は細切れにして管理する。
☑学習者の視点も意識して時間を管理する。

第**8**節　授業を振り返る

1. 客観的な振り返り

　授業を終えた後，授業を自分の意図したように進められたか，目標を達成することができたか，と振り返ることは，授業改善のために必要です。経験の浅いうちは，自然と「あれはうまく行った，これはダメだった」と頭の中で反すうするものですが，慣れてくると，良くも悪くも耐性がついてきて，振り返りを怠りがちです。１つ１つのことに思い悩んでいては精神的によくありませんので，ある程度は自分を認めることも必要なのですが，全くの無反省では授業の改善は見込めません。

　では，授業の振り返りはどのようにすればよいのでしょうか。大きくは，客観的に振り返る場合と主観的に振り返る場合に分けることができます。まず，客観的に振り返る場合の材料には，次のようなものがあります。

（1）学習者のパフォーマンス
（2）同僚教師による観察
（3）授業動画

　（1）学習者のパフォーマンスは，最もわかりやすい材料でしょう。学習者が話したり書いたりする英語を見れば，授業の目標が達成できていたかが明らかです。例えば，学習者の作文を回収して，ターゲットのスキルや言語材料が使えているかを検証すれば，説明が不足していた点や学習者がつまずく意外な盲点などがわかり，次の授業に活かすことができます。

　（2）授業者の視点では，英語科の同僚に授業を見てもらうのが容易で，かつ有益です。同僚ならば，学習者の様子や授業者の置かれた状況など，その授業が行われる文脈を知っています。したがって，授業の背景等を細々と説明する必要がありません。また，授業に対するコメントも，「こうあるべき」という理想論よりも，諸々の実態を踏まえた現実的な視点から言ってもらうことができます。さらに，自分では意識していなかったような点に気づかせてもらえることもよくあり，自分自身の授業に対する視点が広がります。その際，自分なりにその授業で意図していることや力を

入れていることなどは，見てくれる人に伝えておくとさらによいでしょう。その意味で，簡略なものでかまわないので，指導案は作っておくべきです。時には，他教科の同僚にも授業を見てもらうと，いろいろと新鮮な発見があります。

（3）授業を録画すると，自分自身でもある程度客観的に振り返ることができます。誰しも話し方や動作にクセがあるもので，自分の授業をビデオに撮ってみてみると，普段は意識していないようなクセに気がつきます。例えば，説明の最中に「あー」や「えー」といった音を頻繁に入れている，教室前列の学習者の方を見て話していることが多い，板書を隠す位置に立っている時間が長い，といったようなことです。自分の姿を自分で見るのは心地良いものではありませんが，少し我慢して何度か行っていると，ある程度自分のクセがわかってきて，その後の授業改善に役立ちます。

2. 主観的な振り返り

客観情報に基づく分析的な振り返りに加えて，主観的・感覚的な「手ごたえ」や「気づき」も軽視はできません。何がどのようにと分析的には表現できないけれども，なんとなく「楽しかった」「居心地が悪かった」というような感覚は，自分でも気づいていなかった価値観に気づくきっかけを与えてくれます。例えば，スキルの指導は思惑通りに進まず，その授業を通じて学習者が力を伸ばしたようには思えない。けれども，言語活動には活き活きと取り組み，楽しそうに英語を使っている学習者の姿を見て，充実した気持ちになった。そうした場合，実は，自分が英語教師として求めていたのは，学習者が英語を楽しんでくれることだったのだ，というように，自分自身について発見するというようなことがあります。本で読んだり研修会で聞いてきたりした「借り物の授業観」ではなく，自分自身が本当はどんな授業をしたいと思っているのかという内省は，長期的な成長にとって不可欠です。そればかりでは独善に陥りますが，自己分析のためには大切な振り返りの1つです。

（山岡大基）

> ☑授業の振り返りには，学習者や同僚など身近な情報源を活用する。
> ☑内省を通じて自分自身のことを知ることも有益である。

悩みが減ってくる？中堅期

　多くの悩みを抱える初任期を終え，その悩みの1つひとつに立ち向かっていく新人期を経て，自分なりのやり方を確立しつつ，何事にも柔軟に対応できるようになった中堅期は，一般的には悩みは減ってくると思います。しかし，「悩みを感じない」というのも問題だと思います。

　私は学生時代に「英語教師の悩み」について研究をしました。その中で，中堅期の教員は自身の指導技術に関する悩みの程度が減っていく一方で，生徒の学習に対する姿勢や学力に関する悩みが大きくなるという結果を得ました。また，その後の熟練期には自身の授業にマンネリ感を抱く教員もいるということがわかりました。そこから私は，「中堅期に自身の技術不足から目を逸らして，生徒にその原因を求めてしまうと，熟練期には保守的になり過ぎて教師としての成長が止まってしまうのではないか」と考察しました。

　偉そうに語っていますが，現在の私自身がまさにその分岐点に立っています。私は初任校（教職歴1～4年目）と前任校（同5～12年目）を経て，教職歴13年目の今年度，初めて商業高校で教壇に立っています。前任校では，様々な指導法や活動を試み，失敗や成功を経験しながらある程度自分自身への自信を持って本校での授業をスタートしました。しかし，目の前の生徒達にはこれまでのやり方では通用しませんでした。当初は，「実りある授業ができず申し訳ないな」と感じていました。しかし最近は，授業を多少うまく進めることができなくても，「これくらいでよいだろう」と考えてしまう時があります。英語教師として安定しかけていた自分を否定されるのが怖いのだと思います。新人期の自分の姿勢を思い出し，今抱えている悩みから逃げずに，これまで試してこなかった指導法にも挑戦すれば，常に成長し続ける中堅教員になることができると信じて頑張ります！

（中本大輔）

第**2**部

英語授業を深める

第**4**章

教材研究を深める

第**1**節　テクスト・タイプ（1）会話文

　教科書中の会話文では，教材として文字化される過程で，本来ならば言葉に付随する音声や身振り，会話に参加している人どうしの距離感など，さまざまな情報がそぎ落とされます。授業用に提供されるモデル音声も，標準的な読み方だけを示していることがほとんどです。会話文を授業で扱う際には，その会話文が実際のコミュニケーションにおいてはどのようにやり取りされているのかを想像することが求められます。

1. 会話文における表現の違いや多様性に気づく

教科書にはさまざまな工夫とともに会話文が掲載されています。

場面：好きなスポーツについて，ディヌーとジンが話しています。

Dinu: Recently, I've been into watching baseball. I'm a big fan of the Giants.

Jing: Yeah. Oh, ① speaking of baseball, I can't wait for the game tonight.

Dinu: ② What do you mean ?

Jing: The Chinese and Japanese teams will play tonight.

（*NEW CROWN English Series 3* Lesson 3, 三省堂）

　この教科書では，下線部①は「話題を変える」表現として，下線部②は「確かめる」表現として紹介されています。「言語の使用場面」をイメージしながら「言語の働き」について学ぶ工夫が施されているわけです。また，同教科書には，「話題を変える」表現としては他に by the way が，「確かめる」表現としては他に I don't understand. や Tell me more. があることにも触れられています。このように，似たような働きを持つ表現が紹介されているのはよいのですが，言語の使用場面に基づいた会話文が掲載されているとより望ましいでしょう。そうすれば，speaking of ...を，学習者が既に知っている by the way という表現と同じ意味だと勘違いすること

などが避けられるでしょう。例えば，次のような用例を与え，両表現の違いを考えさせるといった工夫が考えられます。

場面：映画を観た後で，悠人とマコが話しています。

Yuto: The film was very exciting!

Mako: It sure was! Two hours passed so quickly. <u>By the way</u>, aren't you hungry?

ちなみに speaking of ...は，「既出の話題に関連した話を切り出す」時に用います。教科書からの先の引用でも，ジンはディヌーが使った base-ball という既出の語を繰り返しつつ，それに関連した（ディヌーが話題にしたひいきの野球チームのことではなく）野球の国際試合に触れています。これに対し by the way は，「本題から逸らしたり，本題に入る時に」（『ジーニアス英和辞典第6版』（大修館書店））用いられます。

　ここまでは教科書に載っている表現間の違いに触れてきました。加えて，教科書には載っていない表現を教師が補足し，辞書で調べさせることも考えられます。例えば，同じ「話題を変える」表現では，"To change the subject." と "That reminds me." の違いが挙げられます。違いを調べる中で，生徒は話題の変更を明示する時には前者の表現を使い，話題となっていることがきっかけで別のことを思いついた時には後者の表現を使うことを知るでしょう。このような活動を適宜挟むことによって，表現にはそれぞれ個性があることを理解させたいものです。

2. 会話文における言外の意味を推し量る

　会話文では，文字として表されていない言外の意味にも注意が必要です。例えば，夜遅くまで携帯電話を使っている子どもに母親が "Oh dear! You're still using your smartphone. Do you know what time it is now?" と言ったとします。子どもの応答として次の①〜③のどれが適切でしょうか。

① "Yes, it's 11:32. It's shown on the screen."

② "No, I don't. Time is not shown on this screen."

③ "Sorry, mom. I'll go straight to bed."

　母親の Do you know what time it is now？（今，何時かを知っているか）
を字義通りに理解すれば，①と②も適切と言えなくもありません。しかし，
実際は③が最も適切です。ここでは，母親は時刻を百も承知の上で，あえ
て Do you know what time it is now？という疑問文を発しています。直接
的に Go to bed now！と言うのではなく，「早く寝なさい」というメッセー
ジを言外に込めつつ，子どもの気づきを促すために，疑問文で言ったと
考えられます。このように，現実の会話には言外の意味が込められている
場合がよくあります。しかし教科書には，言外の意味を推し量らせること
を意図した会話文はあまりなく，字義通りに意味を取ればよいものがほと
んどです。そこで，授業者の工夫が必要となります。

　例えば，先に引用したディヌーとジンの会話文にはどのような工夫が可
能でしょうか。1行目でディヌーは "I'm a big fan of Giants." と言ってい
ます。その直後のジンの発話に生徒の注意を引いてみてはどうでしょう。
もしジンも同じジャイアンツファンなら，"Yeah, me too!" と応えたはず
です。しかし実際には，"Yeah. Oh, speaking of baseball, …" と話題を変
えているところから推し量ると，「私も野球は好きだけど，ジャイアンツ
ファンではない」という意味が言外に込められているのかもしれません。
また，教科書の会話文を少し変えてみるという工夫も考えられます。例え
ば，ディヌーの "I'm a big fan of Giants." という発話の後のジンの発話を
"Well, I prefer red to orange. Anyway, speaking of baseball, …" に変えてみ
てはどうでしょうか（ちなみに，赤は広島カープを，オレンジはジャイアンツ
を象徴する色です）。ちょっとひねりのある会話になりますね。

　もちろん，教科書にこだわらず，言外の意味を持った会話文を授業者が
自作してもかまいません。例えば，映画を観た悠人が "The film was very
exciting!" と言った後で，マコが "Well, your taste seems to be a bit differ-
ent from mine." と応えたとしたら，「私にはその映画がそれほど面白くな
かった」という言外の意味を持つことになるでしょう。ちなみに，大学入
試共通テストのリスニング（令和3（2021）年度）には，次のような会話
文が含まれています。

W: Hey, did you get a ticket for tomorrow's baseball game？
M: Don't ask.

男性（M）の「聞かないで」という表現は，「チケットを持ってない」という意味を言外に伝えるものです。英語を使いこなすためには，このような言外の意味を推し量ることに慣れておく必要があるでしょう。

3. 気持ちを音声化して会話する

　教科書準拠の音声 CD では，読み上げ音声は，一通りの読み方だけでしか収録されていないのが普通です。しかし，実際の会話では，同じ表現でもいろいろな音声化の仕方がありえます。このことについて，以前，ある学校で次のような活動が取り入れられているのを見て感心したことがあります。

活動：snow という語を次の 3 パターンで発音してください。
　①豪雪地帯に住む人が雪を見た時
　②常夏の島で生まれ育った子どもが，旅行先で生まれて初めて，雪を見た時
　③クリスマスイブに恋人どうしが雪を見た時

ペア活動で，①～③のうちどれを選んだかは言わずに 1 人が発音し，もう 1 人がどのパターンかを当てるというものでした。生徒たちは，実に楽しそうに活動に取り組んでいました。同じ表現でも，状況・相手・自分の感情等によって発音が異なることにこのような活動は気づかせてくれます。

　教科書においても，例えば次のような活動があります（*New Crown English Course 3* Lesson 3，三省堂）。A さんが "I heard you watched the new movie." と言った後，B さんが "It was great." と応えます。B さんが応えている様子が二種類の絵で示されており，ひとつの絵には大喜びしている様子が，もうひとつには穏やかな笑みを浮かべている様子が描かれています。それぞれの絵に合うように生徒は "It was great." を発音するという活動です。このように，気持ちを音声化する活動をもっと取り入れたいものです。

（小野　章）

☑会話文では文字に表れない情報を復元する。
☑言外の意味や，いろいろな音声化の仕方に意識を向ける。

第**2**節　テクスト・タイプ (2) 物語文・描写文

　物語文は，現実や架空の出来事に基づいた，基本的に時系列で展開する話を指します。描写文は，人物・風景・心理などの非言語的な情報を言語で表現しようとするものであり，知覚的なイメージを喚起します。物語文と描写文は，理論上は異なるテクスト・タイプと分類されますが，実際には，物語文の情景描写の部分で描写文を用いるなど，組み合わされて用いられることがよくあります。そこで，本節では，この中でも，物語文を取り上げる過程で描写文にも言及することにします。

1. まずは「正確に」読む

　アメリカの作家 O. Henry が書いた "The Last Leaf"（最後の一葉）が，平易な英語に書き換えられて，ある教科書に掲載されています（*BLUE SKY English Course 3*, Let's Read 1, 啓林館）。全 4 ページのうち最初のページを引用します。

舞台は 1900 年代初頭のニューヨーク。古びたアパートに，スーとジョンジーという 2 人の若い画家が暮らしていました。ある年の秋，ジョンジーが重い肺炎にかかりました。彼女は生きる気力をなくし，とても危険な状態でした。

Johnsy was looking out the window and counting something.

"Twelve…. Eleven…. Ten, nine…. Eight, seven."

What was she counting? There was only the side wall of the brick house. An old ivy vine grew on the wall. Winter was just around the corner. Most leaves have fallen from the vine.

"What is it, dear?" asked Sue.

"Six," said Johnsy, in a lower voice. "They're falling faster now. Three days ago, there were almost a hundred. It was difficult to count them, but now it's easy. There goes another one. There are only five now."

"Five what, dear?"

"Leaves. On the ivy vine. When the last one falls, I must go, too."

Q1   What was Johnsy counting?

　物語文はさまざまな読みを許容するものであり，テクストから何を読み，感じ取るかは読者によって異なります。つまり，物語文をどう読みたいかは読者に任されているとも言えます。しかし，それにはそもそも文章が正確に読めていることが前提となります。外国語である英語を扱う場合，このことには特に注意すべきです。単に1文ごとの訳文を作るだけでなく，物語文の文脈をふまえて，テクストの意味するところを正確に理解しなければなりません。

　教科書中の発問は，3行目のWhat was she counting?に対応していますが，9行目のcount themと12行目のleavesから，答えはShe was counting leaves.だとわかります。「正確に読む」上での字義理解を助ける発問です。

　また，正確に読む上で気をつけるべき表現の例としては，（1）on the wallのon，（2）Most leaves have fallenの現在完了，（3）There goes another one.のThere goes …という構文などが挙げられます。これらのうち（1）と（3）については，字義を理解させながら，onやgoesが喚起する視覚的イメージにも着目させ，知覚イメージを喚起するという描写文の特徴も理解させたいところです。

2.　字義とは別の意味を考えてみる

　字義を理解しながら，その字義から別の意味が読み取れないかも考えてみましょう。例として，in a lower voiceを取り上げてみます。lowを『ジーニアス英和辞典第6版』（大修館書店）（以下，『G6』）で調べてみると，「〈音・声が〉小さい」や「〈音程・声が〉低い」という意味が載っています。さらに，同じく『G6』でvoiceを引くと，speak in a loud [a low, a quiet, an angry] voiceという用例が紹介されています。これらのことから，in a lower voiceの字義は「より低い声で」となります。

　しかし，lowについては「〈健康・気力が〉弱った，元気のない」という意味も掲載されています。仮にこの意味をin a lower voiceの解釈に加えるとすると，「いっそう元気のない声で」と解釈しても，この文脈では差し支えないように思われます。つまり，ツタの葉が少なくなり，死期を悟

ったジョンジーの心情が強調されている，と考えられます。そうすると，
"Six," said Johnsy, in a lower voice. という 1 文は，物語文の一部でありつ
つ，登場人物の行動や心理を描写した描写文という性質も持っていること
がわかります。

　そこで，実際の授業では次のような活動が考えられます。

① in a lower voice の字義を確認する。
②比較級 lower に注目させ，何と比べて「より低い」のかを考えさせる。
　（答："Twelve ....（中略）Eight, seven." の発話時の声と比べて。）
③ "Six," said Johnsy, in a lower voice. でのジョンジーの心情を考えさせる。
④③で読み取った心情に合致する low の意味を辞書で調べさせる。
⑤③と④をもとに，心理描写としての "Six," said Johnsy, in a lower voice.
　におけるジョンジーの姿を視覚的にイメージさせる。

3. 表現に着目する

　物語文においては，使われている表現に意識を払うことも大切です。例
えば，p. 98 の本文 11 行目の "I must go, too." の go に注目してみましょ
う。ここでは「死ぬ」という意味で使われていますが，その前の "There
goes another one." では「（葉が）落ちる」の意味でした。また，「（葉が）
落ちる」という意味の単語はこれ以外にも三度使われていますが，いずれ
も go ではなく fall でした。以上から，ジョンジーの頭の中では，「葉が落
ちる」（fall）→「葉が落ちる」（go）→「自分が死ぬ」（go）という連想が
生じているのだと考えられます。

　上に引用した場面の後で，葉がいよいよ最後の 1 枚になったのを見た
ジョンジーが，It（=the last leaf）will fall today, and I will die at the same
time." と言う箇所があり，ここでは，die という直接的な語が使われていま
す。しかし，上の場面では，「死ぬ」という意味では，go という語を使っ
ていました。この go と die の使い分けは何を意味しているのでしょうか。

　『G6』には，「死ぬ」という意味の go は「die の遠回し語」であるとい
う説明があります。このことから，次のようなことが読み取れます。「葉
がまだ複数枚残っていた時，ジョンジーは go という表現を使うことでで
きるだけ死を直視しないようにしていた。しかし，葉が最後の 1 枚にな

った時は，die という表現をあえて使い，死への覚悟あるいは諦めを表している。」

　実際の授業では次のような活動が考えられます。

①「(葉が) 落ちる」という意味の語を探させる。
② I must go における go の意味を考えさせる。
③①と②を関連付けながら，go が使われた理由を考えさせる。
④葉が 1 枚になった時，go から die に表現が変わった理由を考えさせる。

4．生徒 1 人ひとりの読みを引き出す

　物語文の場合，正確な読みに基づいているのならば，十人十色の読み方があってかまいません。授業者としては，生徒 1 人ひとりの読みを大切にしたいものです。そのためには，「どこが面白いと感じましたか」や「どこに感動しましたか」や「何について考えさせられましたか」といった発問を出すとよいでしょう。肝要なのは，これらの発問に続けて，関連箇所を①物語文から引用させた上で，②その箇所を引用した理由を述べさせることです。そうすることで，テクストに基づいた形で生徒 1 人ひとりの読みを引き出すことができます。次は，上記の教科書について，「どこに感動しましたか」を発問した時の例です。

　物語文・描写文を通し，読みの面白さを体験させたいものです。

発問への回答	I was moved by Behrman's behavior.
引用箇所	"[The last leaf on the wall] is Behrman's great master-piece."
引用した理由	Behrman's leaf is called "masterpiece" for two reasons. First, it is a masterpiece as art. Second, it saved Johnsy's life.

（小野　章）

☑正確な理解に基づいて多様な読みを引き出す。
☑辞書を活用し，平易な表現の多様な解釈の可能性に気づかせる。

第**3**節　テクスト・タイプ（3）説明文・意見文

　説明文と意見文の違いはどのような点でしょうか。一般に，主観を挟まず事実を客観的に記述している文章（例：地震が起こる仕組みの解説）が説明文であるのに対し，話し手・書き手の主張を述べる文章（例：動物愛護を訴えるスピーチ）が意見文とみなされています。しかし，「地球環境」に関する説明文の中に「環境保護」を訴える意見が入り込んでいる場合など，事実と意見が複合的に用いられることはよくあります。重要なのは，同一テクスト内のどの部分が事実の記述（説明）で，どの部分が書き手・話し手の主張（意見）であるかを区別することです。

1. 説明文における事実の記述と意見の表出

　説明文での説明と意見の関係を見てみましょう。

　Every year, more and more foreign people are coming to live in Japan. The number of tourists visiting Japan is growing, too. Many of them don't know what to do in an earthquake. (a)It's necessary for us to be prepared to help them.

　Wakaba City had an evacuation drill for foreign residents and visitors yesterday. In the drill, they experienced some simulations and learned how they can protect themselves. They followed instructions given in English and easy Japanese.

　The city handed out an evacuation map made by Wakaba Junior High School students. The map uses simple symbols and pictures. It shows people where they should go in a disaster.

　We interviewed some students at the school. One said, "We're glad to help foreign people. It's important for everyone to help each other and work together." (b)Yesterday was a good start. (c)Everyone should be prepared.

（*NEW HORIZON English Course 3* Unit 4，東京書籍，下線は引用者による）

　このテクスト全体は，非常時に備えた外国人支援に関する説明文です。この支援について説明すること自体が大事なことである，という書き手の価値判断（意見）を反映しています。また，この説明文は，実際に行われた外国人支援の一部を取り上げており，何を取り上げるかの選択にも，説明者の意見や考えが反映されます。このように，何かの説明であること自体，意見と無関係ではない場合が実はほとんどです。

　さらに，下線部（a）〜（c）が説明者の意見であることが，necessary，good，should といった語からわかります。このような形容詞や助動詞のほかに，副詞（例：surprisingly）に説明者の意見が表れることもあります。また，動詞にも注意する必要があります。例えば，出だしの文を Every year, more and more foreign people <u>seem</u> to be coming to live in Japan. に書き換えると，「多くの外国人が日本に住むようになっている」ことが事実ではなく，説明者の印象に基づくことになります。さらには，We think や I claim といった表現を用いて，より明示的に意見を盛り込む場合もあります。このように，客観性が高いように見える説明文にも説明者の主観が入り込むことに留意し，事実と意見とを区別する必要があります。

　他にも，上の文章では，説明を基調としつつ，書き手の意見が事実やデータに基づいて巧みに盛り込まれています。例えば，第1パラグラフでは，日本を訪れたり，日本に住んだりする外国人が多いという事実に加え，その多くが非常時に何をすべきかわかっていないという事実が記述された後，下線部（a）の意見が述べられているため，文に説得力があります。このように，説明文では事実の記述と書き手の意見の表出が混在しており，それぞれが互いを支え合うことが珍しくないのです。

2．説明文・意見文の概要と要点

　説明文にせよ意見文にせよ，テクストの概要や要点を捉えることは重要です。概要とは，テクスト全体の大まかな内容を指し，要点はテクストの中で特に大切な情報を指します。例えば，上の文章では，概要は「若葉市では，地震発生時の対応に関する外国人向けの情報提供に，中学生が貢献している」となります。一方，要点をパラグラフごとにまとめると，以下のようになります。

第1パラグラフ：来日する外国人の多くは，地震時に何をすべきか知らない。

第2パラグラフ：若葉市は外国人を対象に地震時避難訓練を実施した。

第3パラグラフ：同市は，中学生が作成した避難マップを外国人に配布した。

第4パラグラフ：お互いが助け合いながら非常時に備えることが大切である。

　学習が進めば，より難解で複雑な説明文や意見文を読むことになります。そうした場合でも，大切なのは，概要を捉えながらテクストが最も伝えたい内容を読み取ること，そしてその内容と照らし合わせながら要点を把握することです。筆者が最も伝えたい内容を意識しないと，文章を理解するための焦点がぼやけてしまい，そもそも概要や要点が把握できません。

　最も伝えたい内容を絞るひとつのやり方としては，繰り返し使われている語句や，複数の表現に言い換えて繰り返し言及される内容に着目することです。上の英文の例では，foreign people, earthquake, prepare, students などが該当します。このような語句・内容を手がかりにすると，文章の一貫した「筋」が見え，概要や要点が把握しやすくなります。

3. 説得力のある意見文とは

　意見文を書いたり話したりする場合を考えてみましょう。次の文章は，自分の意見から始め，次にその意見の理由が続くという意見文の典型的な構成の文章と言えるでしょう。

It is better for junior high school students to live in the city than in the country. I have two reasons for thinking so. First, there are more high schools in the city. Students can choose the school they want to enter. Second, the city has more facilities that are good for students. For example, Minami City has more than ten libraries. Also, it has three museums.

（*ONE WORLD English Course 3* Lesson 5, 教育出版）

この教科書では，この文章のすぐ下に「自分の考えを具体的に書くコツ」として次の3点が挙げられています。

・理由がいくつあるか最初に述べる。　　　I have two reasons for ....
・区切りをはっきりさせる。　　　　　　　First, ... Second, ...
・つなぎことばを使ってわかりやすくする。Also, ... Next, ...

上の文章にはこれら 3 点が含まれています。また，この意見文にはデータの提示がされています。つまり，「都会の方がより多くの施設がある」ことの例として，Minami City には図書館と博物館がそれぞれ 10 施設以上，3 施設存在するというデータが示されています（厳密には，the country に属する他の場所との比較でなければいけませんが，教科書紙面の都合上，これは仕方のないことでしょう）。

　説得力のある意見文は，主に，（1）主張，（2）主張を支える理由，（3）理由を裏付けるデータの 3 要素から構成されています。このうち，（1）と（2）は書き手・話し手の主観に過ぎません。（3）があって説得力が高まるのです。このように情報機器も活用し，データを意識したコミュニケーションを心がけさせたいものです。これら 3 要素を含む意見文の例としては，他には次のようなものが考えられます。

（1）意見：歩行中の携帯電話使用，いわゆる歩きスマホは法律で禁じるべき。
（2）理由：歩きスマホは交通事故等の原因になり得る。
（3）データ：歩きスマホによる事故が全国で昨年〇件発生した。

　欲を言えば，上の 3 要素に加え，「想定反論への対応」があるとよりよいでしょう。つまり，想定される反対意見に対する反論を，あらかじめ含めておくのです。例えば，上の例では，次のような文言を入れておくと説得力がさらに増します。「歩きスマホを法律で禁じるのはやり過ぎという考えもあるかもしれない。しかし，法に頼らなければならない状況であるのは，△市が□年に取ったデータからも既に明らかである。」

（小野　章）

☑「説明文」と「意見文」は有機的に連動することが多い。
☑意見文では客観的なデータを重視して，説得力を高める。

105

第**4**節　4技能（1）聞くこと

　4技能を伸ばすには，長期的・継続的・計画的な指導が必要です。単発の指導で結果を求めてはいけませんし，一回の練習で多くのことを学習者に求め過ぎてもいけません。活動の機会と時間をしっかり設けながら，地道にじっくりと腰を据えた取り組みをしていくことを心がけましょう。また，日々の授業では学習者の活動状況をよく観察し，つまずきの箇所を見つけ，その原因について分析します。これにより次の授業を組み立てる際にどこに重点を置くべきか明確になり，指導に見通しが立てられます。学習者の実態に応じて，適宜指導内容を修正していくように心がけましょう。

1. 教材研究の下準備

　聞くことに関する教材研究を始める前に必ずしておきたいことがあります。それは教室環境の確認と音声編集ソフトの用意です。利用可能な音声機材は教室環境によって異なります。機材によっては事前に操作方法を確認する必要も出てきます。教室に備え付けられているスピーカーが利用できない場合は，持ち運びのできるポータブルスピーカーを用意するのも1つの手です。その際，出力ワット数が12W以上あるか確認してください。通常のリスニング活動であれば12Wで十分聞こえるはずです。ただし，シャドウイング（shadowing）練習をする場合は，学習者の声によって音源が聞こえにくくなるため，20W以上のものを用意しておく必要があります。

　次に必要なものは，音声編集ソフトです。音声のリンクされたデジタル教科書があれば，音声速度やポーズの長さなどを編集する機会はあまりありません。それでも自分で音声の編集ができると何かと便利です。例えば，ディクテーション用に教材音声を一部切り出したり，シャドウイング用に音量を大きくして意味の区切り毎に長めのポーズを入れたりと，学習活動に応じた音声教材が自作できます。編集には専用のソフトウェアが必要ですが，フリーソフトでも十分です。一般的な編集作業は「SoundEngine」または「Audacity」といったソフトがあれば不自由しないでしょう。編集

機能が多いため，使い始めは困惑するでしょうが，編集作業で主に使用するのは「録音」，「切り貼り」，「音量調整」，「速度調整」，「ファイル形式変換」などです。音量は上げすぎると音割れするので注意が必要です。

2. 教材研究の進め方

　周辺環境の整備が済んだら，いよいよ教材研究に入ります。はじめに音声教材を何回か聞いてみましょう。この時，本文を見ずに学習者の視点で聞き取ってみることが大切です。聞き取りが困難だと感じた場合は，学習者が聞き取りにくい箇所を特定し，その原因と対策について検討します。例えば，話題や場面が唐突に感じたのであれば，聞く活動に入る前にオーラル・イントロダクションを行い，背景知識を活性化させる必要があるでしょう。また，聞き終わった後に話の内容が記憶に残りづらい場合は，情報量が多すぎるのかもしれません。繰り返し聞かせるだけではなく，分割して聞かせたり各文のポーズの長さを調整したりするなど，提示方法を工夫すると効果的です。未知語や馴染みのない固有名詞は，個々の発音が聞き取れていてもそれが何を表すのか理解できません。フラッシュカードなどを用いて，語句の発音と意味の定着を聞く活動の前段階で行っておくとよいでしょう。

　教材に収録されている音声は，学年が上がるとともに自然な英語に近づいていきます。当然ながら，音声そのものの聞き取りが困難な箇所が増えていくことでしょう。弱形で読まれる箇所や，音の連結や脱落などの音声変化が起きる箇所は特に聞き取りが困難です。こうした箇所はディクテーション活動で取り上げるとよいでしょう。特に，ディクテーションを行う際は，音声を繰り返し聞かせるのではなく，必要に応じて速度を落としたり，授業者がわかりやすく読み上げたりするなどの支援が必要です。

　音声面でのつまずきが特定できたら，次にスクリプトを見て内容理解の広げ方を考えます。その際，実際の場面ではどのような内容理解を行われているかイメージしましょう。会話やインタビューなどの対話であれば話題の転換が複数回起きるでしょうから，話題がどのように移行していったか追う必要があります。同じ対話でもディベートやディスカッションなどではテーマが固定されています。多様な意見が交わされるため，話者の主張を追いながら，最終的にどのように合意形成が行われていったのか内容

を確認していきます。

　他にも，空港や駅構内のアナウンスや天気予報などでは，個別の情報が多数列挙されます。実際の場面では自分に関連する情報のみ聞き取ればよいので，選択的リスニングを行うとよいでしょう。スピーチやプレゼンテーションなどのパブリック・スピーキングでは，聴衆の共感を誘う力強いフレーズが繰り返されたり印象に残るエピソードが挿入されたりします。そのため，内容理解の活動では要点や詳細を確認する前に，まずは何度か聞かせて印象に残った言葉や内容を生徒に発表させるのも有効です。道案内や図書館でのガイダンスなどでは，道順や貸出手続きが順を追って説明されます。途中の情報を聞き逃すと指示された行為が実行できなくなるため，要所要所を確実に聞き取る必要があります。レクチャーなどのアカデミックな場面では，抽象的な概念をわかりやすく説明するために，平易な言葉への言い換えや，馴染みのある事物への具体化を行うので，具体／抽象の色分けが明確です。内容の負荷が高い場合は，具体から抽象へと内容理解を進めるとよいでしょう。ニュースを聞き取る際は，ある出来事について誰がどのように関わっていて，周囲の反応や今後の動向はどうなるかを重点的に把握します。このように，場面やジャンルによって聞き取り方が異なります。扱う題材の特徴をよく分析した上で，最も適当な学習活動を選択することが大切です。

　最後に，リスニング力を伸ばすにはインプット量の確保が不可欠です。授業中は学習者ができるだけたくさん英語に触れるようにしましょう。特に授業者の英語は学習者が最もよく耳にする英語となります。ネイティブのように話せなくとも臆する必要はありません。間違いを恐れずに一生懸命英語を使う授業者の姿は学習者にとって良き模範となります。英語で話すことに慣れていない場合は，授業で話す内容を前もってメモにまとめおくとよいでしょう。心配せずとも徐々に慣れてきてアドリブで話せる量が増えていきます。ぜひとも「英語漬け」の授業を心がけてください。

（川野泰崇）

☑音声を編集したり聞かせ方を変えて，学習者に適切な支援をする。
☑実際の場面でどのような聞き方が必要かを考えて活動を計画する。

第5節　4技能（2）話すこと［発表］

　話すこと［発表］の活動は，主にスピーチとプレゼンテーションに大別されます。プレゼンテーションはスピーチ以外の要素も加わることから，概して高度な活動になる傾向があります。習熟度が上がるにつれて，①話す分量を増やす，②視覚資料や情報機器の活用といった要素を加える，③発表の目的を，自分や身の回りの物事について紹介する「情報伝達型」から相手の共感を誘ったり相手を納得させ行動を促したりする「共感・説得型」へシフトするなど，発表の負荷を上げていきます。また，事前の準備を行うか，即興で行うかで負荷は大きく変わります。適度な活動負荷となるように，学習者の習熟度を把握し，何をどの程度まで発表できればよいか具体的な目標を設定することが大切です。

1.　発表活動の9ステップ

　発表活動はスモールステップで指導します。単元計画では①テーマの提示，②モデルの理解，③評価ルーブリックの確認，④発表原稿の作成，⑤ピア・レビュー，⑥推敲，⑦リハーサル，⑧クラス発表，⑨振り返りの9段階に分けて授業を組み立てていきます。また，発表の時期ですが，定期試験の直前・直後は学習者の負担が大きいので注意が必要です。単元計画に基づき，必要な授業時数を踏まえた上で適切な実施時期を選びましょう。

　次に，段階別に授業準備の際に気をつけておくべき点を確認します。①テーマ設定では，教材で示されているテーマが適切か検討し，必要に応じて修正します。②モデルに関しては，模範例となる映像資料がない場合は，授業者がモデル文を使って発表を実演します。その際，声量，姿勢，アイコンタクト，テンポ・間の取り方・抑揚・強弱などのデリバリー，ジェスチャー，表情などの中で，特に重点的に取り組ませたい項目を決めておきましょう。ただし「わかる」と「できる」は全く別物ですので，模範例は単に示すのではなく，学習者に模倣練習をさせる場を用意しておくことが大切です。モデルを確認した後は，③評価ルーブリックを共有します。例えば「内容」，「英語」，「デリバリー」の3観点に対して「S」，「A」，「B」，

「C」の４段階のレベルを設け，観点・レベルごとの特徴を記述したもの
を学習者に配布します。ルーブリックを示すことで学習者に期待する発表
がどのようなものか，最終発表のイメージを持たせることができます。ま
た，ルーブリックは自己点検表としても活用できます。学習が軌道に乗っ
ているか，活動間で随時ルーブリックを確認しながら振り返りをさせると
よいでしょう。④から⑥までの活動は「書くこと」が中心となります。情
報収集，ブレイン・ストーミング，アウトラインを行っていきながら，伝
える内容を整理し発表原稿を下書きします。下書きができたらペアやグル
ープで読み合い，論理展開や説明に不備がないか内容面でお互いにフィー
ドバックします。そこから，さらに推敲を重ね発表原稿を仕上げます。

　これらの一連の活動の中で授業者は，語句や文法など言語面での支援を
していきます。学習者は，実にさまざまな質問をします。答えに窮する場
合もあるでしょう。即答できない場合は，間違いを教えないためにもきち
んと調べてから，後日，正確な回答をするのがよいでしょう。

　発表原稿では，言語材料を練習するための英作文とは異なり，聞き手を
意識した語りが必要です。質問や指示を出すなど聞き手を巻き込んだり，
ユーモアやエピソードを交えて笑いや共感を誘ったり，ことわざや名言の
引用や重要箇所の繰り返しにより印象に残る主張をしたりするなど，文体
を工夫します。授業者は語句や文法ばかりでなく，文体面でもフィードバ
ックを与え，メッセージを効果的に伝える支援をすることが大切です。

　⑦リハーサルでは「個人」→「ペア」→「グループ」と活動規模を拡大
しながら繰り返し練習を行います。まず個人で原稿を正確に音読できるよ
うに練習します。ペア練習ではお互いの発表原稿を交換して練習をします。
発表者が言葉に詰まって沈黙したときに，聞き手は原稿の一部を読み上げて
発表が継続できるように補助します。グループ練習ではクラス発表を意識
したリハーサルを行います。発表者は聞き手から一定の距離を置いた場所
に立ち，アイコンタクトや声量などに注意して発表します。その後③で配
布したルーブリックを参考にしながら，お互いにフィードバックを出し合
います。このように活動形態を変えながら発表に慣れさせることが大切です。

　⑧クラス発表では，相互評価シートを用意し，発表者以外の学習者が能
動的に発表を聞けるような仕掛け作りをします。「メモ欄」を設けると，聞
き手は発表者の発言を一言一句書き取ることに必死になり，発表を見る余

裕がなくなります。聞き手が終始下を向いているようでは，アイコンタクトの取りようがありませんし，相手の表情が見えない中での発表は，大変やりづらく，必要以上に緊張してしまうかもしれません。これを避けるためには，「メモ欄」の代わりに「感想欄」や「質問欄」を設けるのがよいでしょう。これならば発表者の発言を書き取る必要はありません。加えて，発表前にクラス全体で，「発表中は下を向かない」，「発表が終わってから相互評価シートを記入する」などの注意事項を共有しておくことも大切です。

　⑨振り返りでは，できたことや改善点などを記述させて次回の発表につなげます。学習者によっては緊張のあまり発表時のことを覚えていない場合もあるので，できれば発表の様子を録画しておくとよいでしょう。自分の発表をあらためて見ると，「思っていたよりも声が小さかった」とか「姿勢がぐらついていて良くない」など，客観的に自己を振り返ることができます。振り返りは電子データ化し，録画データと併せてポートフォリオとして保管しておくと，あとで学習者の成長が確認できます。

2. 即興で話す練習

　プレゼンテーションのような準備を要する発表であっても，優れた発表者は，聞き手の反応やその場の状況に応じて話す内容や発表の仕方を変えたりします。臨機応変に対応できるようになるには，やはり即興で話す訓練を行っていくほかありません。

　「即興」というと，ずいぶん難しいタスクに思えるかもしれませんが，例えば，ペアワークでパートナーにお題を出してもらって（「昨日何した？」など）1文何か言う，というような練習でよいのです。そのような練習を帯活動などで繰り返しながら，沈黙や間違いに対する恐怖心や話すことへの抵抗感をなくしていき，即興力と流暢さを育成していくとよいでしょう。あわせて，お互いを認め合い，間違いを恐れず安心して発言できる雰囲気を日頃の授業の中で醸成していくことも大切です。

(川野泰崇)

☑発表の指導はスモールステップで段階的に行う。
☑授業者は，発表の文体や聞き手の指導など，言語材料以外にも配慮する。

第**6**節　4技能（3）話すこと［やり取り］

　「やり取り」は「発表」よりも難しいという印象があるかもしれません。例えば，「やり取り」では，話し手が相手の反応によってその理解の度合いを判断し，語彙や内容自体を調整する必要があります。また，会話の参加者は，相手に質問したり，相手の発言に反応したりして，会話の継続に協力します。このため，特に初級学習者にとっては，「発表」よりも難しく感じられることでしょう。けれども，スピーチのような「発表」でも，ただ一方的に話すのではなく，聞き手の反応を見ながら対応するとなると難度が上がります。一方，「やり取り」では，自分だけではうまく伝えられないことがあっても，やり取りの相手を含めた他の参加者が協力してくれることで，会話を継続することができます。単純にどちらが難しい，というものではないのです。

　やり取りの指導においては，まず，学習者にどのような質の発話を要求するかを考えます。質に影響を与える要因として大きいのは，話す内容を考えるための時間です。例えばスピーチでは，事前にトピックが与えられているかどうかで，聞き手が期待する内容や，求められる発話の質は異なります。「やり取り」の活動でも，即興の場合（日常の雑談等）と準備ができる場合（インタビュー等）とでは，発話の質が異なります。例えば CEFR（欧州言語共通参照枠）では，話すこと「やり取り」の活動例として，取引・打ち解けた会話・（非公式・公式の）議論・ディベート・インタビュー・交渉などが挙げられています。

1. ゴール固定型のやり取り

　次に，話す目的によって，「取引型・ゴール固定型（Transactional）」と「個人間型・ゴール変動型（Interpersonal）」の2つに分け，それぞれの特徴を考えてみましょう。まず，取引型ゴール固定型の活動とは，道案内のやり取りなど，話し手が必要な情報を得るための活動です。話す場面や目的に応じて，それまでの学習者の背景知識により，対話の展開や必要な表現がかなり正確に予想できます。したがって，このタイプの活動では，話

す目的を達成するために重要な情報を正確にやり取りできるように指導することになります。会話の場面によって使用語彙がかなりの程度決まるので，聞き取りは単語レベルで予測でき，聞き取りに感じる負担は小さくなると期待できます。また，話す内容も，場面や展開に必要な用例や定型表現を覚え，場面に応じて語句を入れ替えて使うよう指導すれば，初級学習者でも達成感が得られるでしょう。

　このようなゴール固定型の活動では，モデル・ダイアログを暗唱することも必要ですが，そこで終わっていると，話せるようにはなりません。まずはシンプルな発話を要求する活動にして情報交換の手順に慣れさせ，徐々に複雑な発話が必要な活動に取り組ませるような単元展開にして，言葉を使っているという感覚を持たせましょう。Robinson（2010）は道案内の活動を例に，次のように説明しています。最初の活動は，簡単な地図に経路を示して提示し，発話の目的に合わせて使うべき言語材料を明確にし，準備をさせてから取り組ませます。暗唱した表現を実際に使わせ，想定された場面で使えるかを確認します。次の段階では，同じ町の地図を使いつつ，難度を上げます。例えば，準備時間を短くする，地図上に経路を示さない，目印となる建物を複数用意する，などの仕掛けをします。最終的には，実際の街の地図を用い，道，建物，施設が複数含まれているものを用いて，現実的な思考・判断・表現を求めます。このように，活動の手順を固定しつつ課題を徐々に複雑にすることで，学習者がより複雑な言語使用ができるように導きます。

2. ゴール変動型のやり取り

　一方，ゴール変動型の活動とは，複数の参加者が情報交換や問題解決を目的に会話をするものですが，目的によって，話の展開やまとめ方が変わります。もし，情報交換が目的であれば，話題提供→共感的な反応→話の発展・深化，と話が進みます。参加者が協力的に話を展開できるように，例えば感情を表す表現に習熟するための活動が必要でしょう。問題解決が目的であれば，問題の提案→お互いの立場の確認→合意点の追求，と話が進みます。相手の意見を確認しながら話を進めているか，論理性の確保が試みられているかを観点に指導内容を考えればよいでしょう。

　ゴール変動型の活動では，目的が違えば必要な表現や焦点化すべき言語

機能が異なります。しかし，聞き手にまわったときに傾聴の姿勢が必要であることは，いつでも変わりありません。対話は双方の協力で維持されるということを学習者に意識させながら，相手の発言の一部を繰り返したり，わかりにくい表現があった場合は真意を確認したりさせ，お互いの協力によって会話を展開させられるように練習させましょう。

　発話の質を決めるもう１つの大切な要因は，話題に応じて使用される語彙の種類です。話すことの話題は，日常的なものと社会的なものに大別されます。日常的な話題で使われる語彙は汎用的なものも多く，通常の授業の中でも，初・中級段階の学習で，ある程度の習熟が期待できます。一方，社会的な話題の場合，話題によって使われる語彙の隔たりが大きく，話題が変わるごとに新たな語彙を習得しなければなりません。ですから，習熟度がそれほど高くない学習者にとっては，社会的な話題はハードルが高いと言えます。指導にあたっては，ターゲットとなる活動にいきなり挑戦させるのではなく，いくつかの要素に分解して，１つずつ段階的に取り組ませる必要があります。例えばディベートの場合，(1)日常的な話題を通じて問題解決課題に取り組ませる，(2)問題解決を目的としたやり取りの展開を練習させる，(3)ディベート特有の表現や発話の構成に慣れさせる，のように，それぞれの要素に段階的に習熟させます。

　最後に，やり取りの評価については，パフォーマンス・テストとして実際にやり取りをさせる中で行うしかありません。評価の観点は，課題が達成されたか（思考・判断・表現），やり取りに必要な表現が使われているか（知識・技能），協力して話を進めようとしたか（態度）の３観点で判定します。ただし，学習者どうしでのやり取りでは，コミュニケーションが円滑に進まなくなった場合に，自力で軌道修正して何とかコミュニケーションを成立させる必要が生じます。これを初級学習者に求めるわけにはいきませんから，パフォーマンス・テストを実施する場合は，授業者（ALT含む）が対話相手となるようにテストを設計するべきでしょう。

（千菊基司）

☑「やり取り」は「発表」より難しい，というものではない。
☑目標達成に必要な語彙とスキルを分析し，段階的に習熟を図る。

第**7**節　4技能（4）読むこと

　「読むこと」の教材は，主に物語文と説明文です。それぞれの特徴に応じた読解活動を行うことが大切です。

1. 物語文

　物語文は，「ストーリー・グラマー」に沿って本文を分析します。ストーリー・グラマーとは物語文を構成要素別に分類したもので，物語のあらすじを理解する際に用いられる手法です。構成要素は，①主人公，②主人公を取り巻く境遇，③主人公の目標，④目標を阻害する要因，⑤目標を達成するための手段，⑥結末の6つから成ります。主人公の性格と境遇を理解し，目標とその間に立ちはだかる困難を特定し，主人公がどのようにして目標を達成しようとして，その結果どうなったのか（あるいは達成できなかったのか）理解を進めます。"Gon, the Little Fox"（*Sunshine English Course 2* Program 5，開隆堂）の本文を例に取ります。

> 　いたずらぎつねのごんは，ある日，兵十のうなぎを盗む（主人公）。その後，兵十の母親が他界したことを知り，ごんはうなぎを盗んだことを深く後悔する（境遇）。自分の過ちを償うべく（目標），ごんは兵十の家へ毎日栗を届けるようになるが（目標達成のための手段），しばらくして兵十に見つかってしまう（目標を阻害する要因）。いたずらをしに来たと思った兵十により，ごんは鉄砲で撃たれてしまう（結末）。

　内容理解の活動では，物語の構成要素を1つずつ確認しながら，あらすじを理解します。全体像が把握できたら，次に物語を深く味わっていきます。例えば，本文中に間接的に描写されている登場人物の心情や行動の動機などを読み取らせたり，物語全体を通じて筆者が伝えたかった教訓について考えさせたりします。読解後は，ストーリー・グラマーを基に原作の構成要素を一部変更して新たな物語を創作する活動へとつなげます。例えば，①主人公，②境遇，③目標は原作の設定のままで，残りの④阻害要因，⑤手段，⑥結末については学習者が個人やペア・グループで新しい設

定を考えて，オリジナル・ストーリーを作っていきます。その後できた作品をお互いに読み合い，優秀作品を投票によって選出します。できた作品の数だけ読む分量が増えるため，多読要素のある活動でもあります。

2. 説明文

　説明文は背景知識の有無によって読みやすさが変わります。まずは，扱う教材を一読してみて，学習者の目線で内容的に読みやすいか確認しましょう。抽象度や専門性が高い題材は，読解活動の前にオーラル・イントロダクションなどを取り入れて内容面での負荷を減らします。地球環境問題や資源・エネルギー問題など，学習者にある程度背景知識があると思われる題材を扱う場合は，題材に関してどれだけ知識を持っているか確認してみるのもよいでしょう。例えば「環境クイズ」のようなタイトルで Yes/No クイズを出題し，クラスで競い合わせます。ねらいはあくまでスキーマを活性化することにありますから，クイズ問題は本文以外の情報から出題してもかまいません。不正解がいくつか出るようにクイズの難易度を調整しておくと，題材についてもっと知りたいという探究心が湧き，読む意欲が高まるかもしれません。

　次に，本文の内容理解の進め方について，①語句レベルのつまずき箇所の探索，②内容理解の発問作りと提示順序の 2 点について検討します。①は読解活動をスムーズに展開していくための，いわば「整地作業」です。凸凹したり途中に邪魔な草木があったりすると思うように前に進めず，フラストレーションもたまります。読む気が失せてしまわないように未知語はリライトによってあらかじめ易しい語に置き換えるか，事前に語彙学習を行い，既知語として定着させておくとよいでしょう。ただし，未知語を全て学習させるのではなく，あえて一部を残しておくことも可能です。説明文は論理的に文章が展開されるため，未知語であったとしても，文脈の助けを借りて意味が推測できる場合があります。その際の推測方法を身に付けさせることも大切です。そのため，未知語は読解に支障をきたさない程度に残し，意味推測のための練習素材として利用するのも 1 つの手です。

　次に②の内容理解のための発問作りを行います。本文の他に図表や写真なども発問の対象とします。1 つ 1 つの発問を結び付けていくと本文の全

体像が描けるように，さまざまな発問を用意します。本文の分量にもよりますが，目標として 20 個以上考えてみます。大変な労力ですが，この作業を通じて本文の理解が進み，教師の発問力も磨かれます。発問作りと同時に，学習者の回答も何通りか想定しておきます。模範解答通りの回答は出ないことを前提に，授業準備を進めましょう。発問の難易度に応じて，「発問の言い換え」，「答え方の例示」，「ヒントの提示」など足場かけに必要な支援をあらかじめ考えておくことで，スムーズな授業運営が行えます。

　発問作りが済んだら，発問の提示順序について考えます。多くの教材では本文の流れに沿って内容理解の質問が提示されています。例えば，二問目の正解が一問目の正解より前に来ることも，三問目の後に来ることもありません。この方式は，答えを探しやすいというメリットはありますが，答えを探すために読まねばならない範囲が限定されるため，読解の負荷は下がります。その意味で，読解練習としては不十分であるとも言えます。負荷を上げるには，あえて本文の流れを無視してランダムに発問し，該当の情報を素早く見つける練習をします。そうすることで，構成が明確という説明文の特性を意識した読みが促されます。

　説明文は「1 パラグラフ・1 トピック」のルールに従って，主題文と支持文（必要に応じて結論文）で構成され論理的に文章が展開されます。説明文は整理整頓された洋服タンスのようなものです。私たちは着替えるときにすべての棚を開けて衣類を探し出すことはしませんよね。それぞれの棚（パラグラフ）にどのような衣類（トピック）が入っているのかわかっていれば，目的の服（該当の情報）を簡単に見つけ出すことができます。棚に収納されている衣類は取り出しやすいようにきれいに折りたたまれていたり間仕切りが敷かれていたりします。パラグラフも同様にディスコース・マーカーを目印に情報がわかりやすく示されています。こうした特徴を理解していればランダムに発問することにも合理性があるとわかるでしょう。本文の内容理解を確認する上で発問は必要です。しかしそれだけではテストと変わりありません。読解力向上に向けて様々な工夫をしたいものです。

（川野泰崇）

☑テクストタイプに応じた読み方を指導する。
☑発問の数や配列を工夫する。

第**8**節　4技能（5）書くこと

　「書くこと」の教材研究では，教科書で設定されているタスクが適切か吟味します。具体的には「テーマ設定」，「モデル文」，「思考ツール」を重点的に検討します。

1. テーマ設定

　テーマ設定では，英作文のテーマが学習者の興味を引き付けるものか，書きたいと思えるようなものか，また，即興で書けるものか，それとも構想を練るのに準備を要するものなのか検討します。テーマが提示されたとき学習者はどのような反応をするか想像してみるのもよいでしょう。書く必然性がないものや面白みのないテーマであれば，学習者のやる気も下がり，後の指導にも悪影響を及ぼします。テーマ設定はそれほど重要なものです。例えば「自分の町を紹介しよう」というテーマがあったとします。一見すると妥当なテーマのように思えますが，このテーマで書く前提として，自分の住んでいる地域をある程度理解しておかなくてはいけません。また，地域によっては書く題材を見つけるのに苦労し，ライティング活動が停滞する可能性もあります。また，学習者の多くが同じ地域に住んでいる場合，書く内容が互いに似てくるため，個々の作品の独創性が薄れてしまいます。書いた後の活動として，グループやクラスで作品を読み合ったり，書いたものをもとに発表したりするのであれば，個々人の書く内容が異なる方が，読み手（聞き手）にとっても新鮮で読みごたえ（聞きごたえ）があるでしょう。

　例えば，上のテーマの場合，対象エリアを47都道府県に拡大して「△△（都道府県名）観光大使が選ぶおすすめスポット No.1」と変えてみてはどうでしょうか。全国の観光地を活性化させるという目的で学習者1人ひとりを特別大使として任命し，担当の都道府県について PR 文を書かせます。都道府県が重複しないように，例えばグループごとに担当地域を割り振り，学習者どうしで，誰がどの都道府県を担当するのか決めさせると，役割意識と責任感が生まれ，活動が活性化されることでしょう。出来上が

った作文を冊子にして観光ガイドブックにしたり，校内で掲示して色々な人に見てもらうこともできます。こういった英作文は大変労力がかかる活動ですから，その分書きごたえのある活動へとつなげていきたいものです。

2. モデル文の検討

　テーマ設定が済んだら，次にモデル文の検討に移ります。教材のモデル文を読みながら，書き手の視点でどのように文章が展開しているか分析してみましょう。体験談の場合は時系列で出来事を挙げていきます。出来事を単純に列挙するだけでは面白みがないので，その時の心情や周囲の様子なども描写しながら臨場感を演出します。意見文を書く場合は，「主張→理由→理由の補足説明」が基本パターンとなります。自論に説得力を持たせるために，反対の立場の意見を取り上げそれに対する再反論を述べたり，自身の主張を補強するために事例やエビデンスを提示したりします。

　論理の飛躍や論点のすり替えなどが起きていないかにも注意が必要です。説明文では，「定義説明」，「形状・サイズ・質感」，「場面・時期・対象」，「構成要素」，「比較対照」，「起源・変遷」，「評価」など，一定の切り口から一貫した筋道に沿って情報を組み立てていきます。それを知らない相手にも十分伝わるか，情報に過不足はないか吟味する必要があります。

　自分ならどのように文章を組み立てるか，書き手の視点でモデル文を分析することによって，どのような情報をどのように展開していけばよいかが理解できます。モデル文の文章展開に物足りなさを感じるのであれば，積極的に加筆・修正します。その際，あまりにも模範的過ぎると学習者が模倣しづらくなるので，学習者の習熟度に見合ったものを用意しましょう。

3. 思考ツール

　テーマの設定とモデル文が完成したら，アウトラインを作成するための思考ツールについて検討します。思考ツールとは，ベン図やマインドマップ，PMI（Plus Minus Interest）などのアイデアの発想と思考の整理をかねた図表です。テーマの複雑さにもよりますが情報を整理しないまま，思いつきで書くとまとまりのない文章ができてしまいがちです。思考ツールで考えを整理しておくと内容的な負荷が減り表現方法や文章展開に集中してライティングに取り組めるようになります。

　思考ツールはプレ・ライティング活動として教材に掲載されていることも多いのですが，紙幅の都合で図表が小さく，書き込みにくい場合があります。そのような場合，別途ワークシートを用意した方がよいでしょう。Microsoft Word の「図形」や「SmartArt」を使えば容易に作成できます。下の図は，「あこがれの人を紹介しよう」というテーマで作ったものです。左右を比べて思考が整理しやすいのはどちらでしょうか。左図はシンプルなレイアウトで見やすいのですが，「理由」がとても書きづらく，筆が止まる生徒が出てきそうです。右図は引き出す情報が多く，紹介する人物と自分との対比構造が示されているため，どのように文章を展開していけばよいかある程度イメージできそうです。活動の効率化を図る上でも，多種多様な思考ツールの中から最適なものを選択することが大切です。

図　「あこがれの人物」をテーマにした思考ツールの比較例

　学習者から回収した作文に対しては，内容面に関して重点的にフィードバックします。テーマに即した文章が書けているか，情報に過不足はないか，論の飛躍や矛盾点はないかなどを確認し，優れた点や改善点などのコメントを残します。良く書けている作品があれば，個人の名前を伏せた上でクラス全体に紹介してあげるとよいでしょう。他の学習者にも良い刺激となり，ライティングに意欲的に取り組むようになります。言語材料に関する誤りについては，多くの学習者に共通して見られたものを抽出して誤文訂正問題を作成することもできます。学習者の作品は，まさに生きた教材です。積極的に活用して効果的な学習活動へと結びつけたいものです。

(川野泰崇)

☑教材研究では「テーマ」「モデル文」「思考ツール」を検討する。
☑学習者の書いた作文を教材化する。

第**9**節　４技能（6）技能の統合

　「調べたことを発表する」，「話し合ったことを報告する」，「記事を読んでコメントを書く」など実生活では複数の技能を組み合わせた言語使用が日常的に行われています。技能統合型タスクの最大のメリットは，教室場面における言語活動を実際のコミュニケーションに近づけ，4技能5領域がバランス良く育成できることにあります。

　技能統合型タスクというと，高度で複雑で準備に手間がかかるという印象があるかもしれませんが，普段の授業で比較的容易に実践できるやり方もあります。

1. やり取りして書く

　与えられたテーマに関してやり取りをして，その後に書く活動を行います。ここでのやり取りは書く内容の構想を膨らませるためのブレイン・ストーミングとして位置づけられます。様々な人とやり取りをする中で，相手の発言や質問から新たなアイデアが生まれます。また，練習を繰り返すことで，何をどのような順序で伝えればよいか考えるようになり，情報が整理され始めます。やり取りによって，書く作業が効率化されることが期待できるのです。授業では例えば次のように活動を展開します。

> ①テーマについて話す内容を考える（3分程度）。
> ②ペアでやり取りをする。
> ③ペアの相手を変えながら複数回やり取りを繰り返す。
> 　※段階的にやり取りの時間を「3分」→「2分30秒」→「2分」と減らしていきながら，短時間で効率良く情報が伝えられるように負荷をかけていく。教師はモニタリングを行いながら適宜言語面での支援を行っていく。
> ④やり取りした内容を参考にして，テーマについて英作文する。

2. 聞いて読む

　教材の内容理解の際に，リスニングで聞き取れなかった箇所をリーディングで確認する活動です。日常生活では，例えば駅のアナウンスを聞き逃したときに近くの電光掲示板で情報を確認したり，テレビ番組を視聴しながらテロップを読んだりと，「聞いて読む」行為は頻繁に行われています。これらの「読む」行為は，聞き取り時の理解不足を補完する役割を果たしています。授業では例えば次のように活動を展開します。

---

①教材本文の読解活動に入る前にリスニングをする。

　※この時，具体的な発問はせずに，できるだけたくさん聞き取るように指示を出す。

②リスニングで聞き取った情報をグループで共有する。

　※学習者の反応に応じて聞き取りの回数を増やしたり，再生速度を調整したりするとよい。

③何名か指名をしてクラス全体で情報を共有する。

　※授業者は情報を板書しながら，学習者が聞き取れなかった情報を特定する。

④学習者が聞き取れなかった情報に関する発問をいくつか投げかける。

⑤教材を読み，答えとなる情報を本文から探し出す。

---

3. 読んで・やりとり（発表）する

　新聞やテレビなどで得た情報を，会話の切り口にすることがあります。この学習活動では，教材の内容について，それを知らない相手にわかりやすく簡潔に伝えた後に，自分の意見や感想を述べます。話す活動につなげることで，読みに新たな目的が加わります。わかりやすく簡潔に説明するためには本文の情報を取捨選択する必要がありますし，意見や感想を述べるためには，自分の経験や知識と結び付けながら本文を読む必要があります。そのため，自然と能動的な読みが促されます。授業では例えば次のように展開します。

　1. ～3. の例は，普段の授業に組み込みやすい活動です。一方，プレ

①本文の内容理解を行う。

②さまざまな音読活動を通じて本文に慣れ親しむ。

③与えられたキーワードやイラストをもとに自分の興味のある箇所を一部リテリングする。

　※内容や言葉につまずいている様子が見られたら授業者の支援によって情報を引き出す。

④リテリング後に意見や感想を添える。

　※意見や感想が出ない場合は授業者からの発問などによって発言を誘導する。

ゼンテーションやディスカッションなど，比較的準備に時間を要するものもあります。これらの活動は，教科書中心の授業とは別に相応の授業時数を確保しなければならず，その分，教科書の進度が停滞する恐れがあるため，実践が容易ではありません。その対処法として「内容の精選」と「実施の分散化」を実践することをおすすめします。まず，授業で扱う教科書の内容を精選することで授業時数を確保します。教科書すべての内容を網羅する必要はないので，年間の指導目標と関わりの薄い箇所は扱わないか，扱うにしても解説プリントの配付などで済ませます。次に，学習者の習熟度や単元目標を考慮しながら教材の内容を精査します。その内容を扱わなくても単元の目標が達成できる場合は積極的に省略しましょう。

　授業時間が確保できたら実施計画を立てます。学習者の負担を考慮して学校行事や定期試験などの日程を確認した上で実施時期を決めます。高度で複雑な技能統合型タスクは，短期集中的にまとめて実施するのではなく，例えば毎週1時間分を割り当てるなど分散させることで，教科書を扱う授業時間を確認しつつ，調べ学習や資料作成などの準備にゆとりが持てるため，授業者・学習者双方の負担を軽減することができます。

(川野泰崇)

☑技能統合型の活動は，実際のコミュニケーションを意識して作る。

☑実施にあたっては，分散実施など現実的な方法を用いる。

大学院での学び

中国戦国時代の思想家である韓非が著した『韓非子』の中に,「守株待兎」(株を守りて兎を待つ) という言葉があります。昔,中国のある農民が,走ってきた兎が木の切り株に当たって死んだのを見て,畑を耕すのをやめて切り株の番をして兎を捕ろうとした,という故事に由来するそうで,過去に偶然成功した経験や古い習慣にこだわり,いつまでも進歩がなかったり融通がきかなかったりすることを指す言葉です。

ある程度現場で経験を積むと,自分の指導スタイルも確立して授業に余裕が出てきます。成功事例が増えれば,自分の指導に自信も持てるようになります。過去に使用した教材や指導法をそのまま再利用することも増えるでしょう。これらのことは必ずしも悪いことではありません。しかし,時にはそれが「守株待兎」になっていないか,立ち止まって考えてみることも必要だと思います。

私は学校現場での勤務をちょうど 10 年終えた年に,長期研修として大学院に行かせていただきました。当時はある程度経験を積み,思い上がっていた部分がありました。「〇〇はこう教えるべき」という根拠のない思い込みもたくさんあったように思います。大学院でいろいろな指導の理論的な裏づけを学ぶうちに,自分の指導の中に,理に適ったものもあれば,そうでないものもあることに気がつきました。また,ある指導が理論的に正しいのかどうかを検証する術も学ぶことができました。これらの経験は,自分にとって大きな財産になっています。

あくまで私見ですが,自分の指導を理論的に見つめ直し,経験則と理論を結びつける手段として,大学院への進学は最適な方法の 1 つだと思います。現職の教員が大学院で学ぶには,大学院修学休業制度を利用したり,教育委員会等の派遣制度を利用したりする方法があります。自分から積極的にそういった機会を求める場合もあれば,管理職などから機会を与えられる場合もあると思います。本コラムが大学院での学びを考えている方の背中を押すことに少しでもつながればと願っています。

(井長　洋)

第**5**章

授業準備を深める

第**1**節　発問（**1**）表示発問と参照発問

　「発問」とは教育の専門用語で，文字通り，指導者が「発」する「問」いかけのことです。授業ではとても重要な役割を果たし，「発問」によって授業の成否が決まると言っても過言ではありません。

　発問は，典型的には「○○は何をしましたか」のような問いの形をとります。しかし，「〜について考えてみましょう」という指示も，形式こそ問いにはなっていませんが，思考を要求していますので，実質的には「〜とは何ですか」のような発問と同じ機能を果たしていると考えられます。田中・田中（2009）は，発問を「生徒が主体的に教材に向き合うように，授業目標の達成に向けて計画的に行う教師の働きかけ（p. 16）」（下線は筆者による）と定義し，指示や説明も含めた教師の一連の指導言としての教師の働きかけを「発問」と呼んでいます。かなり広い定義ですが，それほど「発問」の形は多様で，授業のあらゆる場面に関わってくるということです。

　では，「生徒が主体的に教材に向き合う」ことを可能にしながら，「授業目標の達成」をするには，どのような発問を「計画」すればいいのでしょうか。まず，「表 示 発 問」（display questions）と「参 照 発 問」（referential questions）という分類（Long & Sato, 1983）に従って，発問の作り方を見てみます（この分類は，本来は授業者と学習者との口頭でのやり取りを想定したものですが，ここではテキストに基づく発問に応用しています）。

1. 表示発問（**display questions**）

　表示発問とは，授業者があらかじめ答えを知っている発問のことで，学習者が教材の内容をどれほど理解しているかを確認したり，ある特定の語句や文法事項の知識を学習者が持っているか確認したりするような問いがこれにあたります。中学校の教科書から具体的な例を見てみましょう。

Kota: What are you looking at?
Tina: It's a website. It's called "School Life Around the World."
Eri:　Ms. Brown told us that it was an interesting website.

Hajin: What's on it?

Tina: Look. Students from across the world introduce their schools.

Eri: For example, this is a student from the U.A.E.

Tina: Did you know that the school week is from Sunday to Thursday in the U.A.E.?

Kota: Really? No, I didn't know that.

(*Here We Go! ENGLISH COURSE 3*, Unit 1, 光村図書)

〈表示発問の例〉（※カッコ内は解答例）

（1）What are the students looking at?（They are looking at a website.）

（2）What did Ms. Brown tell the student?（She told them that it was an interesting website.）

（3）What didn't Kota know?（He didn't know that the school week is from Sunday to Thursday in the U.A.E.）

　上記の例のように，教科書本文に関する表示発問では，答えが教科書本文に明示されており，授業者はあらかじめ答えを知っています。また，答えが1つに決まっているので，「閉じた発問（closed questions）」とも言われます。これらの点から，授業者にとっては非常に扱いやすい発問と言えます。また，上記の例の場合，学習者は教科書本文の該当箇所を探すだけで良いので，学習者にとっても比較的負荷の少ない発問と言えます。しかし，授業で扱う際には，これが，「授業目標の達成」という点で適切かどうかを検討する必要があります。例えば，（2）は，このパートの指導ポイント「tell＋人＋that節」を含む文である "Ms. Brown told us that it was an interesting website." について尋ねる発問ですが，学習者の側は，Ms. Brown や tell という語に着目して，それらが含まれる文を抜き出せば，正しく答えることができます。しかし，その学習者が，この文が伝える意味内容や，ポイントとなる文法項目を正しく理解しているとは限りません。もし，意味内容の理解を確認したいのであれば，同じ表示発問でも「日本語で意味を答えさせる」，文法項目の理解を確認したければ，「Ms. Brown の実際のセリフを考えさせて直接話法に書き換えさせる」，などの方が適切かもしれません。このように，教材の同じ箇所を扱う場合でも，授業目標によってその問い方は変える必要があります。

2. 参照発問（referential questions）

　参照発問とは，授業者が答えを知らない発問のことで，学習者個人に関する情報や，学習者の考えや意見を引き出したりすることを目的としたものです。日本語で行われることもありますが，英語で行うことで，英語による「意味のやりとり」（negotiation of meaning）を行う必要性のある環境に，学習者を置くことができます。同じく，上記の教科書本文を使った場合に考えられる参照発問の具体例を見てみましょう。

〈参照発問の例〉（※カッコ内は解答例）

（1）How often do you surf the Internet？

　　（I surf the Internet almost every day.）

（2）What kind of website do you like to visit？

　　（I like to visit video sharing sites.）

（3）What do you know about the U.A.E.？

　　（The U.A.E. is in the Arabian Peninsula.）

（4）What would you like to introduce about our school？

　　（Our school has a 100-year-old auditorium.）

　これらの発問は，答えが1つに決まらない「開かれた発問」（open questions / open-ended questions）とも言われます。教科書本文に入る前のオーラル・イントロダクションの中で興味づけや導入として使用したり，内容理解を深めるために先の表示発問と組み合わせて使用したりすることで，学習者が主体的に教材に向き合う助けとなることが期待できます。表示発問と同様，授業目標に応じて，その内容や授業の中での位置づけを考えて使用するとよいでしょう。

（井長　洋）

> ☑「発問」は「生徒が主体的に教材に向き合うように，授業目標の達成に向けて計画的に行う教師の働きかけ」である。
> ☑授業目標に応じて，発問の内容や授業の中での位置づけを考えて使用するとよい。

第**2**節 発問（2）事実発問・推論発問・評価発問

　テキストに関する発問は，学習者に要求する思考の種類に応じて「事実発問」（fact-finding questions），「推論発問」（inferential questions），「評価発問」（evaluative questions）の3つに分けることもできます（Been, 1985）。

1. 事実発問（fact-finding questions）

　事実発問とは，テキストに書かれた事実情報を問う発問です。リーディング指導の中でもっとも一般的に使われている発問（田中他，2011）と言ってもいいでしょう。中学校の教科書からその具体例を見てみましょう。

　AI technology has made great progress lately. It has become a part of our daily lives. For example, the Internet search engines use AI technology. Smartphones which respond to voice commands are common these days. Robots which automatically clean your house have become popular. These all use AI technology.

　Translation software also uses AI technology. It can come up with the best translation by using AI technology. It is becoming common. In the near future, AI will help us communicate with people all over the world quite easily. 　　　　　（*Here We Go! ENGLISH COURSE 3*, Unit 4 光村図書）

〈事実発問（第1パラグラフ）の例〉（※カッコ内は解答例）
（1）What has made great progress lately？（AI technology has.）
（2）What has become a part of our daily life？（AI technology has.）
（3）What uses AI technology？（The Internet search engines, smartphones which respond to voice commands, and robots which automatically clean your house do.）

　これらは，本文中に書かれた事実を読み取らせる発問です。答えが本文中に明示されており，その点において，表示発問（display questions）であるとも言えます。教科書本文を疑問文に変えるだけなので，簡単に作るこ

とができます。しかし，学習者にとっては答えの部分を検索するだけの活動になるので，本文について深く考えさせたり，教材に主体的に向き合わせたりするためには，不十分です。したがって，この後に述べる「推論発問」や「評価発問」と組み合わせることが必要です。

2. 推論発問 (inferential questions)

　推論発問とは，テキスト中に直接は書かれていない内容を推測させる発問です。田中他（2011）は推論発問について，読みの行為の動機となる生徒の興味を喚起し，豊かで魅力的なリーディング指導を作り出すきっかけになると述べています。例えば，上記の教科書の場合，以下のような「推論発問」を作ることができます。

〈推論発問の例〉
（1）Why has AI technology become part of our daily lives ?
（2）筆者の言いたいことを一番表している文はどれですか。

　本文にはこれらの問いへの答えは直接的には書かれていません。（1）に対する答えは，明示的には書かれていないものの，検索エンジンやスマートフォン，お掃除ロボットなどの具体例を見れば，Because it is useful. と言ってよさそうだ，ということがわかります。
　（2）に対する答えは，最終文 "In the near future, AI will help us communicate with people all over the world quite easily." であることが想定されます。筆者の言いたいことは明示的に示されていないのですが，まったく答えの手がかりがないわけではありません。この直前までは現在完了形あるいは現在形で述べられているのに対し，ここでは will という助動詞が使われているからです（多くの場合，現在形は事実を，法助動詞は書き手の主観を表します）。学習者は，これらの推測発問の答えにたどりつくために，本文中から根拠を探すことになります。そのため，本文を繰り返し読むことになり，本文について深く考え，主体的に教材に向き合うことが可能になります。また，学習者から複数の答えが出ることも想定され，授業がより協働的かつ能動的なものになるとともに，より深い読みを促すことも期待できます。
　一方，推論発問を作る際に気をつけるべきこととして，田中他（2011）は次の 4 つの原則を挙げています。

〈推論発問づくりの原則〉

1) 明確性の原則：問いを明確にする
2) 意見差の原則：異なる意見を引き出す
3) 証拠の原則：本文中に証拠を探させる
4) 挑戦性の原則：挑戦的な問いにする

(田中他，2011)

　ここでは紙面の都合でそれぞれの具体的な説明は省略します。詳しくは田中他（2011）を参照して下さい。

3.　評価発問（evaluative questions）

　評価発問とはテキストに書かれた内容に対する読み手の考えや態度を答えさせる発問で，教科書本文の内容理解後に，読んだ内容についての生徒の考えを表現させたり，題材となっているテーマについての意見を求めたりする発問がこれにあたります。生徒に教科書本文に関する自分の考えを持たせることで，主体的に教材に向き合わせることが可能となります。上記の教科書本文の場合，以下のような評価発問を考えることができます。

〈評価発問の例〉（※解答例は省略）

(1) Can you think of anything that uses AI technology?
(2) Do you want to use translation software?
(3) What do you think people can do with AI technology in the future?
(4) Do you think AI will make our life better in the future? If so, how?

　本節では3種類の発問を順番に紹介しましたが，これらは「この順序で問わねばならない」とか「この順序でレベルが上がる」といったものではありません。例えば，評価発問の1つ目の例 "Can you think of anything that uses AI technology?" という発問から授業を始めることで，学習者の興味・関心をを教材に引きつけることもできるでしょう。

(井長　洋)

☑発問は，「事実発問」，「推論発問」，「評価発問」に分けられる。
☑3種類の発問は，いろいろなタイミングや順序で，目的に従って組み合わせて用いる。

第**3**節　発問（**3**）教材内容と教科内容

　発問は，また別の視点からとらえることもできます。それは，教材内容を問うのか，教科内容を問うのかという点（山岡，2014）です。

1. 教材内容を問う発問

　「教材内容」とは，教科書本文を扱う場合，その本文に書かれている意味内容のことです。以下に高等学校の教科書本文を取り上げて，「教材内容」を問う発問の具体例を見てみましょう。

　① Social media are an important part of our daily lives today. In fact, these useful tools make our lives very exciting. However, keep some rules in mind when you use social media.

　② First, pay attention to personal privacy. Don't post private information about you and your friends. If a bad person finds the information, you and your friends will have some problems.

　③ Second, don't use social media for many hours every day. You will easily become a social media addict. Sometimes put down your smartphone and look at the real world with your own eyes.

　(*Vivid English Communication I* Lesson 1, 第一学習社　※丸数字は筆者による)

　この本文に対する，教材内容を問う発問の例としては，以下のようなものが考えられます。

〈教材内容を問う発問の例〉（※カッコ内は解答例）

（1）What are some rules you have to keep in mind when you use social media? (They are "pay attention to personal privacy." and "don't use social media for many hours every day.")

（2）When will you and your friends have some problems? (When [If] a bad person finds our private information.)

（3）What will happen if you use social media for many hours every day?

(We will easily become a social media addict.)

　上記の発問は，本文中に書かれた意味内容の理解を問う発問です。こういった発問は，当然ながら扱う教科書本文の内容に依存しています。別の言い方をすると，その本文においてのみ意味を成し，他の文章で同じことは問えないような発問です。山岡（2014）は英語教育における発問では教材内容を問うものが一般的であると述べています。

2. 教科内容を問う発問

　一方，「教科内容」とは，教科書本文に関係なく英語科として教えるべき内容，つまり英語を使用する際に必要とされる汎用的な知識や技能に関わる内容のことです。例えば，発音や文法，パラグラフ構成やディスコース・マーカーといった，文章の言語形式がこれにあたります。上記の教科書本文について，教科内容を問う発問の具体例を見てみましょう。

〈教科内容を問う発問の例〉（※カッコ内は解答例）
(4) 第1パラグラフの1文目と2文目はどのような関係になっているか。
　（2文目は1文目の具体的な補足説明になっている。）
(5) 第1パラグラフにおける筆者の一番の主張となっている文はどれか。
　（However, keep some rules in mind when you use social media.）
(6) パラグラフの関係を文章構成図に表す場合，どちらが適切か。（イ）
　（4）は in fact というディスコース・マーカー，（5）は However という

　（ア）①—②—③　　　（イ）①—┬②
　　　　　　　　　　　　　　　└③

ディスコース・マーカーの働きについて問う発問になっています。(6)は，First, Second というディスコース・マーカーに注目させ，第2，第3パラグラフが，第1パラグラフで出てきた some rules の具体例を説明するパラグラフとして並列関係になっていることを問う発問になっています。これらの発問は，「本文の意味内容を読みとったか」を問うものではなく，意味内容を読みとるための「方法」に焦点を当てた発問であると言えます。
　もちろん，先述の教材内容を問う発問であっても，英文中のディスコース・マーカーや文章構成などの言語形式に着目させることを，授業者が意

133

図している場合は多分にあります。また，学習者が答えを導く過程でそういった言語形式に自然と注意を払うことになる場合もあります。例えば，先の教材内容を問う発問例（1）（What are some rules you have to keep in mind when you use social media?）では，その答えを導く過程で学習者はおそらく "First"，"Second" というディスコース・マーカーに注目するでしょう。また，授業者は解説の際にその点に言及するでしょう。このように，教材内容を問う発問であっても，間接的に教科内容も問うている場合も多々あります。しかしながら，ここで述べた教科内容を問う発問のように，明示的に言語形式について問う発問は，これまで英語の授業の中であまり用いられてきませんでした（山岡，2014）。

　「発問は，発問を与えられなくても学習できる学習者を育てるためにするものだ」と言われます。すなわち，英語学習者が自立・自律できるように手助けをするのが発問なのです。したがって，学習者が汎用的な知識や技術を習得できるようにすることを授業者は意識しなければなりません。そのために，教材内容に加え，教科内容にも焦点を当てた発問を用いる必要があるのです。

（井長　洋）

> ☑発問では，教材内容だけでなく教科内容を問うことも重要。
> ☑発問を通じて自律的な学習者を育てる。

第**4**節　コードスイッチング（英語と日本語の使い分け）

　平成 20（2008）年に告示された高等学校学習指導要領に「授業は英語で行うことを基本とする」という言葉が明記され，現在の高等学校学習指導要領（平成 30（2018）年告示）および中学校学習指導要領（平成 29（2017）年告示）にも明記されました。ここから，「発問は英語で行うことを基本とすべきか」という疑問が浮かんでくると思います。

　亘理（2011）によると，英語教育に関わる人々の多くが「英語だけでの授業が目指すべき最善の形態であるという前提を共有して」おり，授業で日本語を使用することに対して，「教師の多くが不要な『罪の意識』を感じて」いるそうです。しかし，「英語で授業をしたからと言って学習者の英語使用が増えるわけではなく，L1（＝第 1 言語）使用がむしろコミュニケーション活動を円滑にし，英語使用を促す可能性がある」（亘理，2011）ことも指摘されています。では，どのような発問を英語で行い，どのような発問を日本語で行えばよいのでしょうか。英語・日本語それぞれに適した発問について考えてみましょう。

1.　英語で行う発問

　授業内において，「表示発問」や「事実発問」は英語で行うことが多いと思います。その理由としては，英語で行っても授業者，学習者ともに負担が小さいことが挙げられます。本章において紹介したそれぞれの発問例は教科書本文の意味内容を問うものでしたが，それらの発問を英語で行うことで，学習者が英語の質問を正しく理解しているか，質問の答えを示す適切な箇所を見つけることができるか，質問に対応した答え方が英語できるかという点を確認することができます。また，比較的容易に学習者が英語を発する機会を確保することもできます。ただ，学習者は教科書本文の該当箇所を読み上げるだけでも正しく回答することができるので，その意味内容を正しく理解しているとは限りません。意味内容の理解を確認するなら，該当箇所を日本語に訳させる，自分の言葉で説明させる等，生徒が日本語で回答する発問を補助的に追加した方がよい場合があります。

　「参照発問」や「評価発問」も，英語で行うのに適した発問だと考えられます。これらは，学習者個人の思いや意見を答えることのできる「開かれた発問」なので，授業者は学習者の答えに応じて追加の発問をするなどして，英語による「意味のやりとり」のある場面を作ることができるでしょう。

　ここで挙げた発問はすべて，学習者が英語で答えたり，自己表現したりすることを期待した発問です。つまり，学習者に英語で答えさせたい場合は，発問は英語で行えばよいでしょう。

2. 日本語で行う発問

　「表示発問」や「事実発問」は日本語で行うこともありますが，それらは，英語で行う際の補助として使われる場合が多いでしょう。例えば，英問英答をした後に，意味内容の理解や文法項目の確認をしたりする場合です。一方，「推論発問」や「教科内容を問う発問」は日本語で行った方がよいと考えられます。「推論発問」は，答えを探す過程で他者との協働や意見交換が行われるため，日本語で行った方が内容の濃いものになるからです。また，「教科内容を問う発問」は，言語形式の分析を行う際に，メタ言語（言語を説明するための言語）的な要素が必要となり，学習者の理解のしやすさや指導の効果を考えると，日本語で行う方がよいと思われます。

　ここで挙げた発問は，学習者が日本語で答えたり，学習者同士が日本語で議論したりすることを期待した発問です。つまり，学習者に日本語で考えさせたり，日本語で答えさせたりしたい場合は，発問は日本語で行えばよいでしょう。

（井長　洋）

> ☑基本は「授業は英語で」だが，柔軟に運用する。
> ☑生徒に英語で答えさせたり，自己表現させたい場合は英語で，日本語で答えさせたり，議論させたい場合は日本語で行えばよい。

第 **6** 章

授業を深める

第**1**節　学習形態（**1**）個人学習と協同学習

　学習環境での ICT 端末の整備が進むにつれて，オンデマンドなどによる個人学習も手軽にできるようになってきました。従来，一斉指導の中で行ってきた学習活動の中には，個人学習・個別学習で各自の習熟度に合わせて，自分のペースで進める方が効率的なものがあります。最近では，オンラインのものを含めて，個人学習向けの学習リソースなども充実してきていることから，個人で行うべき学習は家庭学習などで個別に取り組ませ，学校での一斉指導では学習集団の中でしかできないことに一層の重点を置くという発想が求められています。

1. 協同学習の基本原理 PIES

　学習指導要領で「主体的・対話的で深い学び」の充実が謳われているように，学校での一斉指導では，協同的な学習活動を通して学ぶ授業スタイルが一般的になりつつあります。特に外国語の授業では，他の学習者と関わり合い，実際に英語を使いながら身につけていくことが欠かせません。そこでは必ず他者と協同で学ぶことになります。ここでいう協同学習とは，単にペアやグループで活動する形式ではなく，その中で学習者どうしが互いに学び合い，教え合う学習プロセスを意味します。Kagan & Kagan (2004) は協同学習の基本原理を PIES という形にまとめて説明しています。

　① P: Positive Interdependence（肯定的相互依存）
　　わかる者はわからない者が答えられるように助けるなど，自分の強い点を生かして弱い人を助けたり，反対に自分の弱い点を教えてもらったりするという肯定的相互依存がある。

　② I: Individual Accountability（個人の責任）
　　グループの中で特定の学習者だけが積極的に話をまとめるのではなく，1 人ひとりが個人の責任をとり，発表などを行う。

　③ E: Equal Participation（平等・公平な参加）
　　ペアワークやグループワークでは，積極的に意見を話す学習者とほと

んど話さない学習者がいるので，参加者全員が平等かつ公平に参加で
きるよう時間配分などをして参加機会を保証する。

④ S : Simultaneous Interaction（同時相互作用）

グループの全員が同時に積極的に活動に参加し，相互作用しながら活
動を進める。

（訳は林 , 2011, p.184 に基づき筆者による）

　協同学習では，班のような小集団を形成するとその中に，それぞれ異な
った個性をもつ学習者が集まるため，互いの長所を生かして互恵的に学び
合うことが大切であるとされています。

　このように，協同学習では，単に形式的な小集団で何かをすればよいと
いうことではなく，個々の学習者が積極的に学びに関わっていくことが求
められます。ちなみに，Kagan は協同学習における小集団のことを team
と呼び，group とは明確に区別しています（Kagan, 2001）。すなわち，
group は単に複数の人の集まりであるのに対し，team は何かしらの課題
や目的・目標を共有する者たちの集団という違いです。協同学習に取り組
むに当たって，これは押さえておきたいポイントです。

2. **協同学習でのプレゼンテーションの例**

　具体的に，例えば小集団（5 人）でプレゼンテーションを行う学習活動
を見てみます。「18（15）歳の主張」というテーマで，社会問題などに対
する自分たちなりの提案をするプレゼンテーション課題を設定し，次ペー
ジの図 1 のようなフォーマットを与えて取り組ませることとします。こ
の場合，1 人につき必ず 1 分 30 秒の発表を行い，そのための原稿は各自
が英語で書いて準備させます（PIES の I，E にあたる）。スライドを用いた発
表とすることで ICT などの得意な生徒が積極的に活躍する場となり，原稿
をチームでまとめて提出するようにすると，進んで取りまとめ役を引き受
けてくれる学習者もいるでしょう。また，チーム内での準備に当たっては，
授業外の時間でも PC やスマートフォンなどのツールを活用しながらチー
ム全体で全員の原稿を共有したり確認させたりすることで，各学習者がそ
れぞれに原稿を作成している時点でも教え合いなどが発生すると考えられ
ます（P）。さらに，授業時間外での情報収集のための資料検索や原稿やス

ライド作成の作業では，役割分担をしながら協力して作業することが必要
となり，発表に向けての準備の計画を立てる段階や最終確認の段階では，
授業内で時間を設定し，その場で顔を合わせて作業を行います（S）。この
ように様々な手段・方法を活用しながら，授業内の時間と授業外の時間と
を有効に組み合わせるのもよいでしょう。

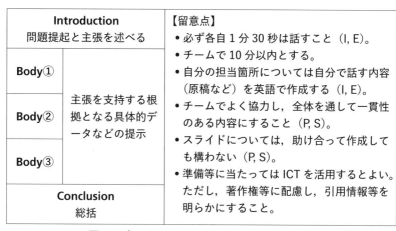

Introduction 問題提起と主張を述べる		【留意点】
Body①	主張を支持する根拠となる具体的データなどの提示	● 必ず各自 1 分 30 秒は話すこと（I, E）。 ● チームで 10 分以内とする。 ● 自分の担当箇所については自分で話す内容（原稿など）を英語で作成する（I, E）。 ● チームでよく協力し，全体を通して一貫性のある内容にすること（P, S）。 ● スライドについては，助け合って作成しても構わない（P, S）。 ● 準備等に当たっては ICT を活用するとよい。ただし，著作権等に配慮し，引用情報等を明らかにすること。
Body②		
Body③		
Conclusion 総括		

図 1　プレゼンテーションのフォーマットの例

3. 協同学習の評価

　では，小集団で協同して課題に取り組んだ際の評価はどのようにしたら
良いのでしょうか。チーム全体に対して全員をまとめて評価をしてしまう
ことは I：Individual Accountability（個人の責任）に反します。そのため，
「個人得点」＋「チーム得点」のようにして，まずは個人の責任をきちん
と果たしているかどうかを評価します。**2.** の例であれば，個人で担当し
た発表箇所について，例えば「発表（英語自体やデリバリーについて）」，
「内容（発表全体を通して一貫性のある内容であったか）」という観点で評価
した後に，「チームとしての取組み（視覚資料も含めた発表のまとまりや課
題遂行プロセスでの協力）」などを加点することが考えられます。

　また，実際の教室では班分けなどの際に配慮が必要になることもありま
す。どの班でもある程度英語の学習活動がスムーズに進められ，また教え
合いや学び合いといった相互の助け合いが生まれるように工夫します。そ
のためには，英語の学力が班によって偏ったり，日頃の人間関係等によっ

	発表について （英語やデリバリー）	内容について （全体の一貫性）	チームとしての 取組み
A	• 聞き取りやすい英語（発音・イントネーション）で話すことができており，聞き手により良く伝える工夫（強調のための繰り返しやスピードコントロール，身振り手振りなど）が出来ている。	• チームで設定したテーマについて伝えるために，効果的な内容となっている。	• 全員で協力して準備・練習・発表に臨んでおり，視覚資料も含めて効果的な発表ができている。
B	• 聞き取りやすい英語（発音・イントネーション）で話すことができている。	• チームで設定したテーマに関する内容となっている。	• 概ね全員で協力して準備・練習・発表に臨むことができている。
C	• Bを満たしていない。	• Bを満たしていない。	

図2 チーム・プレゼンテーションの評価ルーブリックの例

て学習活動が滞ったりすることのないように工夫するのがよいでしょう。学習者の学力については担当授業者が把握しているところですが，学習者個々の個性・特性や学習者どうしの日頃の人間関係などについては把握しきれないこともあるかもしれません。班分けなどをする際には，事前にクラス担任などに案を確認してもらうとよいでしょう。

　このような協同学習の原理は，学習者にとっては，授業内だけではなく社会の中で生きていくためにも有益な考え方であると思われます。わかりやすい言葉で授業者がその意義を説明し，協同学習の授業実践に当たって考え方を共有しておくこともよいでしょう。　　　　　　　　　　（篠村恭子）

☑学習内容によって個人学習と協同学習を使い分けたり，組み合わせたりするとよい。
☑協同学習では互恵的な学びを保証し，単なるグループワーク等の形式のみの活動にならないように留意する。

> **第2節** 学習形態
> (2) 個人・ペア・グループ (3人以上)・一斉

1. 個人での学び

　他の学習者との関わりを必要としない学習活動では，学習者の習熟度やペースに応じて，個人で学習に取り組む方が効率的な場合があります。また，ペアやグループで活動をするための準備段階として，まずは個人で取り組む時間を設け，そこで考えたことをまとめたり，英語で下書きしたりしてからペアやグループでの活動に移るというやり方もあります。そうすることで，小集団で活動をする際にも安易に他の学習者に依存せず，自分の学習に責任をもち主体的に取り組むことができます。ペアやグループでの学びにはそれぞれ利点がありますが，最終的には学習者が自分自身の学びに責任をもって取り組む自律的な学習が求められるため，様々な学習形態と個人での学びを組み合わせながら指導を行うことが必要です。

2. ペアでの学び

　外国語の授業では実際に英語で質問をしたり，自分の考えや気持ちを伝えたりする活動を多く取り入れるため，ペアでの学習は必然的に多く取り入れられています。このペア活動の最も大きなメリットは，学習者の発話の機会を十分に確保することができるという点でしょう。1クラスに30人以上もいる一斉授業で1人1人に個別の発話の機会を設けることは不可能なため，学習者どうしで会話などをさせることで，英語使用の機会を確保します。一方で，事前の一斉練習などが十分でないままペア活動に移ってしまうと，学習者どうしでのやり取り練習は機能せず，結局，日本語を使ってしまったり適当にやり過ごしたりするということにもなりかねません。教室内で，15組以上のペア活動の取組み状況を，短時間で全てきちんと確認することは不可能ですから，ペア活動を行う際にも前段階として個別や一斉で十分に練習をしたり，そもそもペア活動で行う内容の指示を明確にしておくことが大切です。また，その他にも，ペア活動中，学習者が誤った英語を一生懸命に練習していることもあるかもしれません。例えば，can を用いて友だちの「できること」について話す練習をペア活動

で行う時に，"Mr. ○○ can math.*"（○○君は数学ができる）と誤った英文を一生懸命言っているといった場合があります。このようなことを避けるためには，机間指導でしっかりと見取りを行うことはもちろんですが，ペア活動の後に全体で表現の再確認をしたり，生徒の誤りや良い例を全体で共有したりフィードバックしたりするとよいでしょう。また，隣どうしの席のペアで2分間活動し，その後中間指導を挟み，ペアを変えて再度同じやり取りを2分間行うなど，繰り返しや修正の機会を設けることも大切です。

3． グループ（3人以上）での学び

　3人以上のグループでは，ペア活動で行える双方向的な活動に加えて，さらに多様な活動や内容的にも視点を広げることが可能になります。例えば，3人での活動では，あるトピックについて英語でディスカッションをするような活動もできますし，ロールプレイやスキットのような活動でも複数の登場人物で，内容面でも工夫がしやすくなります。また，例えば3人のうちの2人があるテーマについてディベート的に立場を決めた上で意見を交わし，3人目がジャッジの立場で関わり，やり取りについてメタ的に捉えてフィードバックなどを返すこともできます。

　4人での活動となると，小集団の中をさらに肯定側，否定側のように立場を分けてミニディベートをすることも可能となりますし，4人の中でのペアの組み合わせを柔軟に変えながら活動を行うこともできます。集団の人数が増えるに連れて，学習者の個性も多様となるので，それぞれの得意なところを活かして学習活動に取り組ませることも可能となります。ただし，5人以上など，だんだんと人数が増えると，リーダー的な役割を発揮する学習者と，グループの取り組みに便乗するだけの学習者（フリーライダー）とに分かれる場合もあります。そうした場合には，全員の取り組みに差が生じないように，それぞれの学習者に適切な役割分担を与えて学習活動に対する責任をもたせる工夫なども必要になってきます。この点については，前節の協同学習の原理でも確認しましたが，学習者の実態に合わせて，授業者側がある程度の学習のフォーマットを提示し，1人ひとりが必ず学習における自分の責任を果たせるような仕組みを作っておくことも大切です。

4. 一斉指導と様々な活動形態

　活動が中心の授業をイメージすると一斉指導にはあまり利点がないように思えるかもしれませんが，全員が同時に同じ学習活動に取り組む際に最も効率的なのは一斉指導です。授業者による文法事項の説明やリピート練習などでは，必要に応じて一斉指導を行い，その後のペアやグループ等による活動と組み合わせていくことが大切です。例えば，下図のように1時間の授業の中でも学習内容に応じて，様々な学習形態を活用しながら展開をしていくことができます。

活動形態		活動内容の例
一斉	一時間の授業の流れ	授業者による内容の導入，言語材料の確認・一斉練習
個人		言語材料の個人練習
ペア		ペアで言語材料を用いたやり取り①
一斉		中間指導，フィードバック
ペア		異なるペアで言語材料を用いたやり取り②
グループ		ペアでのやり取りを踏まえたグループワーク
一斉		全体での発表
個人		授業の振返り

図　1時間の授業の中での活動形態の例

5. 様々な学習形態を取り入れたタスク活動の例

　ここでは，**1**. でみた協同学習の視点を取り入れたタスク活動のアイデアを池田（2011）の示す「CLIL（内容言語統合型学習）タスク考案のためのマトリックス」を引用して紹介します。

　CLIL は内容面と言語面を統合的に学習することを目指す学習方法です。その中で協同的な学びを重視して，以下の表のように個人・ペア・グループ・一斉といった学習形態を組み合わせ，また，Bloom's Taxonomy（ブルームの思考の分類）（修正版）の「暗記する，理解する，応用する，分析する，評価する，創造する」という思考スキルを駆使しながら学習活動を考案していきます。下の表では，池田（2011）の考案したマトリックスに環

境問題をテーマにした学習を組み合わせて様々な学習形態をとる場合の活動例を示しています。単元を通した指導計画を考える際などにも参考にしてみるとよいでしょう。

表　CLIL タスク考案のためのマトリックス（池田，2011）を活用した例

	低次思考スキル（LOTS）			高次思考スキル（HOTS）		
	暗記する	理解する	応用する	分析する	評価する	創造する
個人	環境問題に関する単語を学習する					
ペア		現在の世界の環境問題の現状を読み取り，議論する				
グループ				環境問題が改善しない原因を分析・議論する	各国が掲げる環境政策について比較・評価する	
一斉			現時点で自分が行っている取組を口頭で説明する			環境相になり切り今後の日本の環境政策をプレゼンする

* LOTS: Lower-order Thinking Skills, HOTS: Higher-order Thinking Skills

（篠村恭子）

☑それぞれの学習形態で何ができるか考え，適切な形態を選択する。
☑1時間だけでなく1単元を通して様々な学習形態を組み合わせながら取り組ませる。

第**3**節　指導技術（1）様々な音読法

　授業の中では少なくとも 1 回や 2 回は音読をすると思います。その音読のねらいは何でしょうか。音読とは，文字を読み取って音声化することなので，基本的には「読むこと」の活動です。しかし，適切に行えば「話すこと」にもつながります。大切なことは，とにかく声に出して読めばよいというものではなく，何をねらいとした音読なのかを明確にした上で取り組ませることです。

　平成 29（2017）年版中学校学習指導要領解説外国語編の中には，音読について以下のように書かれています。

　…音読は，黙読とは異なり，声に出して読むことであり，書かれた内容が表現されるように音読するためには，説明文，意見文，感想文，対話文，物語などの意味内容を正しく理解し，その意味内容にふさわしく音声化する必要がある。…（略）…<u>音読の指導に当たっては，単なる練習としての音読にとどまることのないよう，指導者も学習者も，書かれた文章の本来の目的を確認した上で，そもそも音読することがふさわしいのか，ふさわしいとすればその音読はどのような目的で行われるのかを明確に意識することが重要である。さらに，学習の段階や言語活動の流れの中で，音読することの目的や意義を教師も生徒も意識する必要がある。</u>(pp. 58-59)　　　　　　　　　　　　　（下線は筆者による）

　これによると，音読には練習段階の音読と，言語活動段階の音読があることがわかります。まず練習段階の音読についてみていきましょう。

1. 練習段階の音読

　書かれているものを音読するためには，まずは，語句レベルで英語の文字を正しく音声化（声に出して読む）する必要があります。これは本文の音読に入る前の新出語の発音などを確認する段階の練習です。

　それができたら，次に，1 文レベルの音読です。モデル音声をリピートしながら練習をしていきますが，語句レベルでは正しく発音ができたとし

ても，1文レベルになるとス
ムーズに読めなくなることが
あります。個々の語句を正し
く発音しつつ，文全体のリズ
ムやイントネーションを保つ
のが難しく感じられることな
どが原因です。その場合には，
バックワード読み（逆さま読

```
1.                               dinner.
2.                         after  dinner.
3.            homework  after  dinner.
4.      my homework  after  dinner.
5.    do my homework  after  dinner.
6. usually do my homework  after  dinner.
7. I usually do my homework  after  dinner.
```

図 バックワード読み（逆さま読み）

み，backward build-up）のように，文末から少しずつ読む量を増やしなが
らリピートして練習していく方法などがあります。読み終わりの箇所が固
定されているので，リズムやイントネーションが安定しやすいのです。

　また，1文が長い場合には，はじめは意味のまとまり（チャンク）ごと
に区切り，モデル音声を聞いてリピートする listen & repeat の形で練習を
するとよいでしょう。音読に取り組む前の本文の内容理解をする段階で，
既に意味のまとまり（チャンク）は把握できていると思いますが，本文に
スラッシュ（／）などを書き込んでいくことで視覚的にも明確になります
(本章第6節参照)。それができたら，少しずつ長さを伸ばし，1文レベル
での listen & repeat を行うというように徐々に音読できるようにしていき
ます。中学校の教科書の本文であれば，息が足りなくなるほど1文が長
すぎることは少ないので，1文レベルでは一息で読むことを心がけさせる
とよいでしょう。高等学校の教科書などで1文が長くなってきたときに
は，意味の区切りで息継ぎをします。

　一通り1文レベルで読む練習を行ったら，次はまとまりのある文章を
音読していきます。しかし，学習者がいきなり自力で全て通し読みをする
にはまだハードルが高いので，本文のモデル音声を聞きながら同時に音読
をするパラレル・リーディング（同時読み，overlapping）などの練習をし
ます。この際には，自然なスピードやイントネーションなどを意識して読
むとよいでしょう。

　このパラレル・リーディングがある程度できるようになったら，いよい
よモデル音声なしで音読をしていきます。自分で読んでみることで，うま
く読めないところなどを各個人で確認することができます。また，何度か
繰り返して読んでいくうちに少しずつ英文が頭の中に入ってくるので，英

文を少しずつ隠したり視線をあげて本文から目を離したりしながら読むことも有効です。音読の際は，教科書をそのまま使ってもよいですが，個々の学習者の能力に応じて音読用ハンドアウトなどを活用することも効果的です。例えば，意味の区切りのスラッシュ入り本文（Level 1），スラッシュなし本文（Level 2），新出語句を虫食いにした本文（虫食い音読）（Level 3），さらにいくつかのチャンクや節が虫食いまたは日本語の本文（Level 4），かなりの部分が日本語の本文（Level 5），などのレベル別の音読用本文が印刷されたハンドアウトを用いて，各自で自分の力に合ったレベルを選択して練習をさせるということも考えられます。Level 4 や 5 になると，音読に暗唱やサイト・トランスレーションの要素が加わり，「読むこと」から「話すこと」などへの橋渡し活動という性質も出てきます。

　個人での音読練習を行った後は，必ずモデル音声と照らして不十分だった点がないか再度確認するプロセスを踏むとよいでしょう。読めなかったところをそのまま終わらせることのないようにすることが大事です。また，特に読むスピードに関しては，個人の練習段階の音読では遅すぎて不自然（メッセージが伝わりにくい）なことも多いため，再度モデル音声とパラレル・リーディングをしたり，カウントダウンタイマーなどを用いて制限時間内に読み終わるようにしたり，と読む速度についても意識させるとよいでしょう。

　このような音読練習をさらに発展させ，学習者の頭の中に英文が残るようにするには，例えば，チャンクごとに listen & repeat をする際にチャンツのようなリズムを使って練習をさせることもできます。また，read & look up のように，読んだ英文を頭の中で保持し（read），視線を上げて（look up），英文から目を離して英文を再生したりする練習や，虫食い音読の虫食いの箇所をどんどん増やし，キーワードのみが残っている状態から本文を再生させるなど，様々な練習方法があります。こういった練習段階を経て，最終的には言語活動としての音読につなげていきます。

2. 言語活動としての音読

　練習段階を経て，書かれた文章が正確に音声化できるようになった後は，相手（聞き手）に意味（メッセージ）を伝えるために読むという言語活動の段階になります。この段階で内容については既に十分に理解しているは

ずですので，どの部分を，どのように読めば相手にメッセージがよりよく
伝わるのかを考えながら読んでいきます。この際，その英文の目的・場
面・状況をよく考えて読む必要があるため，内容理解の再確認にもなりま
す。

　音読指導では「気持ちを込めて読んでごらん」「意味が伝わるように読
んでごらん」などのように，曖昧な指示をすることがありますが，どのよ
うに読めば「気持ちを込める」「意味が伝わる」ことができるかの指導が
伴っていなければ，有効な指導言とは言えません。具体的な読み方として
は，例えば，強調したい語句を読む際に「stressing（強く読む）」「stretch-
ing（伸ばして読む）」「pausing（強調したい単語の前後に間を置く）」といっ
た工夫（voice inflection）を加えたり，スピードに緩急をつけてメリハリを
もたせたりすることができます。どこを強調するのか，どこをゆっくりと，
あるいは速く読むのかを考えさせるなどすると，あらためて英文の内容を
踏まえた音読活動に繋がります。物語文の朗読なのか，テレビやラジオ番
組や CM などの原稿なのか，といったことでも音読の仕方は変わります
し，そもそもそれが音読に適した英文であるのかという点も，教材研究の
段階でもよく考えておく必要があります。

　以上，細かく説明しましたが，実際には，学習者の実態に合わせて適宜
上述の段階を省略したり，ある段階を反復したりしながら進めることにな
ります。授業では音読の機会を 10 回程度は確保しつつ，授業外でも，学
習者自身が情報端末を通じて教材音声を利用し，各自で改善点を見つけて
いけるように促したいものです。

（篠村恭子）

☑音読には，練習段階の音読と言語活動としての音読がある。
☑何のための音読かといったねらいを明確にして取り組む。

第**4**節　指導技術（2）パタン・プラクティス

　新しい文法や表現を学習した際には，その言語形式に慣れるため，口頭でのパタン・プラクティス（pattern practice）を行います。パタン・プラクティスは，パタン（文法）に従ってモデルの文の構成要素（例えば，単語など）を入れ替えたり，肯定文を疑問文に変えるなど，文の種類を変換したりすることによって，文法的に正しい文を作る技能の習得を目指す練習方法です。

　コミュニケーション重視の考え方から，パタン・プラクティスが否定的に評価されることもありますが，パタン・プラクティス自体に問題があるのではなく，学習者が英語を用いる機会がパタン・プラクティスに限られ，自分の考えや気持ちを伝える言語活動が行われないことが問題なのです。言語形式に習熟する手段としてのパタン・プラクティスには一定の価値を認めるべきでしょう。とはいえ，パタン・プラクティスをむやみに何度も繰り返せば，その言語形式が使えるようになるかというとそういうわけではなく，後の言語活動や実際の言語使用につなげるためには，意図を持って，工夫して用いる必要があります。

1. 教科書のプラクティスに目的・場面・状況を一言加えてみる

　新しい言語材料を導入した際には，まず，その言語形式が何を意味するのか，どのような機能をもち，どのような使用場面で用いるのかについて理解させます。例えば，現在進行形であれば，be 動詞＋〜 ing という言語形式で，「（今）〜しているところである」という意味を表し，現在の自分や相手の状況を描写したり尋ねたりするなどの機能があること，電話やSNS のような，リアルタイムであるが直接相手が見えないやり取りで相手の状況を尋ねる時や，自分の今の状況を伝えて依頼や誘いなどを断る際などの使用場面があることなどについて理解させます。その後に，現在進行形の形式に習熟するためのパタン・プラクティスを行います。

　パタン・プラクティス用の練習活動が設けられている教材ではそれらを利用するとよいでしょう。ただし，そのまま使用するのではなく，一工夫

を加えます。例えば，よくあるのが，イラストに単語が添えられていて，その単語を機械的に入れ替えていくだけの練習です。場面や状況設定が明記されている場合もありますが，そうでない場合や設定が不十分な場合には，授業者が目的・場面・状況などを示す簡単な文を添えることが考えられます。例えば，図のような練習活動が掲載されていた時には，Now you are talking with your grandmother on the phone. Tell her about your family members' situation. と付け加えるだけでも，単純なパタン・プラクティスを越えて実際の言語使用に近くなります。

図 パタン・プラクティスの図の例

2. パタン・プラクティスの一部（内容）を自分で考えてみる

　教材に掲載されているパタン・プラクティスは，主に言語形式に習熟することを意図しているため，英文の意味内容は必ずしも学習者自身にとって身近でなかったり，自分の事として捉えられるものではなかったりします。練習を十分に行い，言語形式に慣れてきたら，それを使って少しずつ自分自身で内容を考えながら英文を作る練習に変えていくとよいでしょう。

　例えば，when 節を使った練習の定番として，When I am free, ...（自分が暇なときには…をします）という英文を作りましょう，というものがあります。学習者は自分に関する様々なことを英語で表現してくれるので，それらを全体で共有しながら口頭練習を行うことなども考えられます。その時に，授業者が一言，内容に関するコメントなどを返すと，単純なパタン・プラクティスの中に，意味内容に焦点を当てたコミュニケーションが生まれます。一方で，この場合，ターゲットとなる when 節は固定されているため，学習者自身が自由に作るのは「…をします」の部分です。そこで，今度は逆に，I am happy / excited when .... のようにして，when 節に自己表現的な要素を取り入れることで，ターゲット項目をきちんと練習させるようにします。

　パタン・プラクティスは言語形式に習熟させるための練習ではありますが，このように，少しずつ自己表現的な要素を取り入れていくことで，最

終的に言語活動を通して自分の考えや気持ちを伝えることにつながっていきます。

3. ねらいとする言語材料を使用する課題を設定し，文を作らせてみる

　学習者は，最終的には自分の考えや気持ちなどを，目的・場面・状況のある具体的な課題の中で，どの英語表現を使用するのかを思考・判断して選択し，それらを使って表現していくことが期待されます。しかし，そこに至る一歩手前の知識・技能の習得段階では，授業者が使用表現をある程度コントロールした課題を与え，それに沿った英文を学習者に自分で作らせてみる必要もあります。例えば，比較級の場合，Your smartphone is not working, so you need a new one. You are going to buy Smartphone A or B. Please compare the two and choose A or B, and tell us the reasons. などの課題を設定すると学習者は必然的に比較級を使用しますし，授業者が設定した値段やスマートフォンの性能や特徴に関して比較をするため，使用表現もある程度限定されます。形式のみに焦点を当てて全てがコントロールされたパタン・プラクティスから，学習者自身が自分で考えることを取り入れた知識・技能段階の練習，そして思考力・判断力・表現力育成のための言語活動へと少しずつ移行していきます。このような「橋渡し」の段階では，授業者がある程度，使用表現をコントロールしながら狙った表現を使わせつつ，自分の考えや気持ちを表現することが含まれる課題を設定するとよいでしょう。

　また，口頭での練習のみでは，学習者のアウトプットが目に見える形で残らないので，誤り（error）に気づくことが難しくなります。そのため，口頭でのパタン・プラクティスの後，自分が発話したことをノートなどに書き起こして確かめさせることなども大切にしたいところです。

（篠村恭子）

☑授業内の活動がパタン・プラクティスだけで終わらないようにする。
☑徐々に自己表現と組み合わせ，言語活動に結びつけるようにするとよい。

第**5**節　指導技術 (3) オーラル・イントロダクション

　新しい単元や題材を扱う際に，授業者が目標言語を使ってその概要等を口頭で紹介して導入することをオーラル・イントロダクションと言います。オーラル・イントロダクションは，「読むこと」の学習に当たって行われることが多く，本格的な読解活動に入る前のウォーミング・アップを兼ねて，学習者と題材の距離を近づけることを心がけます。

　このオーラル・イントロダクションには，次のような意義があります，

①**動機づけ**：関連情報を提示したり背景知識を活性化したりすることで，扱われている題材に対する興味・関心を高め，読む姿勢を作る。

②**つまずきの予防**：実際に読む活動に入る前に，未知語や学習者にとって理解しにくいと予測される箇所を取り上げておくことで，本文を読む際の困難を取り除く。

③**目的の設定**：読むことによって明らかになる問い（発問）を設定し，読む必然性を作る。

以下，具体的な例を見ていきましょう。

1. 動機づけ

　例えば，「海洋プラスチックによる海洋生物への影響」に関するまとまりのあるテクストを読む単元のオーラル・イントロダクションを考えます。まず，動機づけのために，いくつかの問いを学習者に投げかけてみます。例えば，美しい海の砂浜にプラスチックごみが打ち上げられていたり，ウミガメがレジ袋を食べてしまっている写真が教科書に掲載されているとします。その写真を示して，What do you see in this photo? / Have you ever seen any photos like this? / What's happening here? などのように問いかけながら，写真に関して話題を広げていくことを通して，題材についての背景知識を活性化し，興味関心を高めていくことが考えられます。

　また，例えば，海洋ゴミの影響で死んでいく海洋生物の数が年々増えていることを示すグラフがあったとします。そういった図表などであれば，

タイトルを隠して目盛りに着目させたりしながら，What data / graph / figure is this about? などのように問いかけて，少しずつヒントを出しながら題材に導いていくということも考えられるでしょう。

いずれの場合も具体的な視覚資料を提示しながら，題材に関する背景知識を活性化していくことで学習者が読みの活動に向かっていくための心の準備（レディネス）を整えたり，読んでみようという動機を高めたりすることにつながります。

背景知識を活性化するためには，題材に関する簡単なクイズを行うこと（True or False 等）などが取り組みやすい方法ですが，さらに教材を主体的に読んでいくためには，教材と読み手を近づける，つまり読み手が自己と題材とを関連付けていくことが必要です。その際，題材と学習者をつなぐ発問が有効です。この例では，環境問題を学習者が「自分事」として捉えられるように，生徒にとって身近で具体的な発問（例：When you buy something at a convenience store, do you use your ECO bag?, How many plastic bags do you think you use in one month / year?）のような問いを投げかけることで，題材を自分自身に関連付けて主体的に読むことができるようになります。

2. つまずきの予防

予習を課す場合や平易な教材を用いる場合は，学習者は，新出語句の意味などが既にわかった状態で授業を受けるかもしれません。しかし，それでも学習者が誤読するなど，つまずきが予測される箇所については，オーラル・イントロダクションの中で取り上げます。関連する話題を展開しながら英語で言い換えたり，説明を加えたりすることで，事前につまずきを除去することができます。

例えば，「資源の有効利用の促進に関する法律（Act on the Promotion of Effective Utilization of Resources）」といった表現が本文中に出てきたとします。脚注などで日本語が付されていることもありますが，それでも utilization などの単語は少し難しく感じる学習者が多いでしょう。このような場合には，オーラル・イントロダクションの中で取り上げて，易しい英語（use など）で言い換えて意味を確認しておくと，不要なつまずきが回避できます。

ただし，本書「第 4 章第 7 節 4 技能（4）読むこと」でも述べられてい

るように，未知語に対処する力を身につけることも大事です。学習者に推測力をつけさせたい場合には，全ての未知語を扱う必要はありません。

3. 目的の設定

　最後に，学習者が何のためにその文章を読むのかという読む目的を意識させるオーラル・イントロダクションについて取り上げます。動機づけとも関連しますが，学習者が主体的に教科書を読むためには「何のためにそれを読むのか」という読む目的が必要です。教科書に掲載されているからとりあえず読むのではなく，その文章を読むことによって答えが明らかになる問い（発問）を設定することで読む目的を明確にします。そして，その目的のために，その文章から何を読み取ればよいのかを学習者と共有した上で学習に取り組ませます。そのように読む必然性を持たせるような発問を，オーラル・イントロダクションの中で投げかけることができます。例えば，Do you know how many sea turtles are rescued / dead each year in the world? などと問いかけて予測をさせ，その予測が合っているかどうかを確かめるために教材を読ませる，という授業展開ができます。文章を読む目的が明確なので，学習者も主体的に学習に取り組むことができるようになります。

　以上，「読むこと」の学習活動を例にオーラル・イントロダクションについて考えましたが，「読むこと」以外の技能でも同様に，事前活動としてオーラル・イントロダクションを有効に活用することができます。また，あくまでメインの活動に入る前のイントロダクションですので，内容を先取りしすぎず，不用意に時間をかけすぎないように留意しましょう。

（篠村恭子）

> ☑オーラル・イントロダクションは，新しい単元や題材を扱う際に効果的である。
> ☑オーラル・イントロダクションには，動機づけ，つまずきの予防，目的の設定といった意義がある。

> **第6節　指導技術（4）英文解釈（チャンキング等）**

　教科書の英文を学習者がスラスラと読めない場合には，いろいろな補助を行って支援する必要があります。以下に補助の例を挙げます。

1. スラッシュ・リーディング

　漢字・ひらがな・カタカナを使い分けることで視覚的に切れ目がわかりやすい日本語に比べると，英語の場合，文字が1種類なので，意味の切れ目が一見してわかりにくいことがあります。

　そこで，意味のまとまり（チャンク）ごとに英文を区切り，読みやすくする工夫が，スラッシュ・リーディングです。たとえば，"It is one way / to say hello or good bye / in India" この通り，意味のまとまりごとに英文にスラッシュ「／」を記入しながら読んでいきます。英文をチャンクに分ける「チャンキング」の手法の1つです。区切る位置は，接続詞や前置詞の前，名詞句や長い主語の後などが一般的ですが，それが唯一の区切り方ではありません。学習者の習熟度によって必要なスラッシュの数や位置は変わってきます。たとえば "It is / one way / to say / hello or good bye / in India" と小さな単位で区切る段階から，次第に "It is one way / to say hello or good bye / in India" のように，より大きな単位で区切る段階に移行し，最終的にはスラッシュなしで読めるようになることを目指します。

2. サイト・トランスレーション

　スラッシュ・リーディングに慣れてくると，次第に自分なりに区切ることができるようになります。それ自体はよいことなのですが，間違った区切り方で覚えてしまう危険性もあります。その修正をするために，授業者が区切りを入れた英文をモデルとして示し，サイト・トランスレーション（sight translation）をさせることができます。サイト・トランスレーションとは，目で見たもの（sight）を訳す（translation）練習のことで，英語と日本語が区切り（チャンク）ごとに左右に対訳になっているワークシートを使います。これを使う目的は，英文を英語の語順のまま読み下して理解し，

滑らかに読む力を高めることです。教科書の場合，リピート用の音声と，その音声に対応したスラッシュ入りの本文が提供されていることが多いので，準備にそれほど手間はかかりません。このワークシートを使ったトレーニングをいくつか紹介します。

① Pair Reading

ペアで行う音読です。片方が英語，もう片方が日本語を読み上げます。じゃんけんで順番を決め，交互に行います。内容理解を確認させたいときは片方が日本語を読み上げ，その英語をもう1人が読みます。音読の練習をくり返して定着を図りたい場合は，日本語担当の学習者のみシートを持たせ，英語担当の学習者は何も見ずに日本語を聞いて思い出しながら英語に変換する，というように負荷をかけて行うこともできます。

② Pens-Reading

相手のシートの英語部分にペンを置きます。読み手は文字が隠れた状態で，日本語を見て英語を読み上げます。難易度を上げるにはペンの本数を増やしたり，消しゴムを置いたりすることもできます。その中でも特に各文の最初の一語目を縦に真っ直ぐ隠すのが一番難しいようです。

③ Repeat after you

Repeat after me（＝teacher）ではなく，Repeat after you（＝students）です。つまり，学習者の英語を他の学習者がリピートします。ペアやグループに分け，1人の読み上げる英語を他の人がリピートします。これにより聞き手のために「正しく読む責任」も培うことができます。他者を意識した時に正しさに注意が向き，相手がリピートしやすいように読もうとすることが学びになります。最後に教科書音声に続いて全体でリピートすると自ずと集中力と声量が上がります。主体的に自分ごととして音読の活動に取り組むことができるようになるでしょう。

3. 記号付与

　学習者が正確に英文を読むには，単に英文をチャンクに分けるだけでなく，それぞれのチャンクが文法的にどのような働きをしているかを理解することも大切です。その力をつけるために，スラッシュ・リーディングをより精緻化させることもできます。それは，文中の語句に，品詞や機能（主語・述語動詞・目的語等）を視覚化する記号を付けることです。例えば寺島（2004）の提唱する方式では，名詞には「＿」（セン），動詞には「○」（マル）という記号を付けます。これにより，英語の語順は「＿○＿」（セン・マル・セン），日本語の語順は「＿　＿○」（セン・セン・マル）と表すことができ，英文の意味理解が容易になります。例えば，"We study English." ⇔「私たちは　英語を　勉強する」といった具合です。また，松井（2021）では，「名詞は四角化で視覚化」を合言葉に，名詞には「□」，その修飾部には下線を付けることで，英文中の名詞句を視覚的に把握しやすくする手法を提示しています。あるいは，特定の記号を使うものではありませんが，田地野（2011）は英語の語順を「意味順」として捉えなおし，英語の文は「だれが／する／だれ・なに／どこ・いつ／どのよう・なぜ」という意味の順序で成り立っていると考えます。そうすることで，英文の１つ１つのチャンクが，どの意味に相当するかを把握する補助ができるとします。

　英文解釈の指導で大切なことは，スラッシュ・リーディングであれ記号付与であれ，「英語の文はこのような形をしているはずだ」という「型」の知識（スキーマ）と，その「型」をどのように運用すれば英文が正しく理解できるのかという「手順」の知識（アルゴリズム）を明確に学習者に示し，習熟させることです。学習者にとって，チャンキングやサイト・トランスレーションに取り組むことで読解が助けられ，また，それらの活動を通じて英文の読み方を体得できるような指導を心がけましょう。

（村田　修）

☑英文解釈の補助にはスラッシュ・リーディングなどのチャンキングが有効。
☑チャンクを活用したサイト・トランスレーションなどの練習を行い，習熟を図る。

第**7**節　指導技術（5）リテリング（リプロダクション）

　教材の内容を自分の言葉で語りなおすリテリング（retelling）は，一般的には話すことの活動として行われますが，自分の話した内容を書いて整理するような展開をすれば，書くことの活動にもなります。言い換えれば，リテリングは，話すことと書くこと両方の力を養うことのできる総合的なアウトプット活動であると言えます。しかし，リテリングは，1回行ったからといってすぐに効果が表れるような即効性のある活動ではありません。辛抱強く反復・継続する必要があります。ここでは，リテリングを活用したアウトプットの総合的な指導の例を見てみます。

1. リプロダクション──リテリングの準備段階

　「リテリング」と「リプロダクション（reproduction）」は同じ意味で用いられることもありますが，佐々木（2020）では以下のように区別しています。

> リプロダクション：本文と同じ，あるいはほぼ同じ言語形式で再生されたもの
> リテリング：本文の言語形式を自分の言葉に言い換えたもの

　また，リテリングより上位の活動として「自己表現」を設定し，次のように分類しています。

リプロダクション　　→　　リテリング　　　→　　自己表現
〈形式重視〉　　　　　　〈形式＋意味重視〉　　　〈意味重視〉

　リテリングをすると言っても，ある文章を読んで，いきなり「読んだ内容を自分の言葉で説明してみよう」と指示されて，すぐにできる学習者は多くありません。まず形式重視のリプロダクションから行って，話す活動に親しむところから始めてみるとよいでしょう。そこで，文字を見ずに音読してみるイメージを持たせ，本文の音読をとにかく練習すれば自分も話

せるんだ，という感触を得させます。その上でリテリングに移行すると，学習者も前向きな姿勢で取り組めるようになります。

2. リテリング──話す活動

　教科書をもとに話すことに慣れてきたら，リテリングの活動にステップアップしましょう。授業者が適切にヒントや補助を与えることで，学習者も取り組みやすくなります。

　リテリングを行う際は，以下の①から③の順番でヒントを減らし負荷を上げていきます。

　① Key Words ＋写真（イラスト）
　② Key Words のみ
　③ 写真（イラスト）のみ

　最終目標は，本文を読んだことのない聞き手を想定し，③の状態でリテリングを適切に行うことです。これができるようになると，show & tell やプレゼンテーション，英検の二次試験で出題されるような絵や写真の描写をする力を養うことができます。

　指導においては，スモール・ステップを踏みます。まずは①を基本として進めるとよいでしょう。与えられたキーワードを用いて写真を説明させます。キーワードの数は，多すぎると情報が整理できず，少なすぎると言葉が出てこなくなる，という難しさがあります。

　その後，①が抵抗なくできるようになったら，②や③の段階に進みます。それもできるようになったら，いよいよ主体的にリテリングに取り組ませます。下図のように本文から自分でキーワードを選んだり，説明したい場

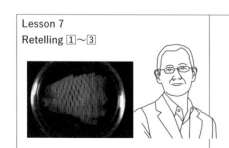

Lesson 7
Retelling ①〜③

skin
tissue engineering
research studies
compete
body cells
a medical doctor

面のイラストを描いたりさせます。これにより，授業者に与えられる課題としてのリテリングから，自分で伝えるためのリテリングに変わります。

この活動の素材は，生徒に主体的に作成させることもできますが，絵を描くことが苦手な学習者や，キーワード選びに苦労する学習者がいる場合には，ペアやグループなどで協働させると良いでしょう。

3. リテリング──書く活動

リテリングで話させたあとに，ぜひ行いたいのが，「自分が話したことを文法に留意しながらもう一度書く」という活動です。話している最中は意味内容を伝えることに一生懸命で，形式面への意識は下がりがちです。流暢性を優先し，まず話してみる，伝えようとする姿勢を培ったうえで，正確性を意識させます。リテリングをクラスで一斉に行った場合，授業者が全ての発話を聞き取ることはできません。そこで，話した直後に話したことを書かせてみます。それにより，「ここは時制をそろえるべきだったな」「動詞に三単現のsをつけてなかったな」などといった気付きが得られます。最後に授業者が回収し，本人が自覚できていない誤りを修正してフィードバックを行えば盤石です。「まず頑張って伝えてみる，その後で正しく書く」，このステップを積み重ねると，学習者も少しずつ正確性を意識して話すようになってきます。話した言葉は音声だけでは消えてしまいますが，文字にすると残ります。がんばって話した英語が，その後の学習に活かされるので，学習者にとってもやりがいのある活動になると言えるでしょう。

（村田　修）

☑ リプロダクションからリテリングへ，スモール・ステップで発展させる。
☑ リテリングは，「話す」と「書く」の両方を鍛える総合アウトプット活動である。

第**8**節　指導技術（**6**）要約

　「文章の内容を，まだ読んでいない人に伝えてください」と問われたとき，どのような読み方をし，どのような伝え方をするでしょうか？　通常は，最初から最後まで一言一句暗記して伝える，ということはなく，相手にとって重要と思われる情報を取捨選択して伝えるでしょう。高等学校学習指導要領において，言語の働きの例（ウ）には次のように書かれています（下線は筆者による）。

　事実・情報を伝える働きとは，<u>コミュニケーションを行う相手</u>に事実や情報を伝達する働きである。事実・情報を伝える言語の働きについては，中学校の外国語科で扱われているものなどに加え，<u>理由を述べる，要約する，訂正する</u>，が例として挙げられている。事実や情報を正しく伝えるためには，詳細を客観的に伝えることができる表現や，論理的な構成や展開などが重要となる。<u>他者を意識しながら</u>事実や情報をより適切にまた効果的に伝え合うことができるよう指導する。

ここでは情報を伝えるために必要な，論理的に要点をまとめる方法について考えます。

1. パラグラフ・リーディングを行う

　文章の要点を把握するための読み方に，パラグラフ・リーディングがあります。パラグラフごとに何が書かれているか，筆者が何を伝えようとしているかを理解しながら読む方法です。「この長文は何が書いてあるのかわからない」という学習者がいたとしたら，もしかするとパラグラフを意識せず漫然と文章を読んでしまっているのかもしれません。パラグラフ・リーディングができるようになる第一歩として，まず，パラグラフごとに何が書かれているか一言メモを行わせます。教科書では，パラグラフごとの要点を問う問題があらかじめ用意されていることもあり，それらを活用してもよいでしょう。練習を重ねると，次に述べる主題文と支持文の関係など，パラグラフの読み方がつかめてきます。

2. topic sentence と supporting sentences を区別する

パラグラフ・リーディングをするためには，そのパラグラフの topic sentence（主題文）と supporting sentences（支持文）が区別できている必要があります。そのパラグラフは何について書かれているか（topic），それを読み手に理解してもらうための例や理由（support）は何かを正確に見分けることが，要点の把握につながります。このパラグラフ・リーディングができると，文章中の情報を整理しながら読めるので，そのぶん，読む速さも向上します。

3. 要約文を書く

以上は，要約するための読み方についてでした。では，要約した内容の伝え方はどのようにすればよいでしょうか。要約文を書く際に意識させたいポイントは以下の 2 点です。

- ・「自分の言葉」は○，「自分の考え」は×
- ・冗長な部分・表現をそぎ落とし，簡潔な文章にする

筆者が述べていることの要約なので，筆者が述べていない情報を勝手に付け加えてはいけません。当たり前のことのようですが，「筆者が述べたことのまとめ」と「自分なりの解釈」の境界線は意外とあいまいです。極力，元の文章に忠実なまとめ方を心がけます。2 点目の簡潔性については，どこまで短く要約することが求められているかという「圧縮率」に関わります。「1 文要約」の場合は，かなりの程度，修飾語句を削ることになりますが，元の文章の半分程度の要約文であれば，原文の語句を忠実に残す部分も多くなります。指導に当たっては，適切な「圧縮率」を設定することで，学習者にどこまで考えさせるかをコントロールします。

4. フィードバックする

要約文を書かせて指導する場合，個人指導だけでなく一斉指導でのフィードバックも考えてみてください。例えば簡潔な文にするための練習としては，冗長な要約例を示し，これをよりすっきりした表現にしてみようと全体で考えさせることができます。それにより，学習者が共通の学習課題に取り組むので，フィードバックも一斉指導で行いやすくなります。また，

問題点をシンプルかつ具体的に指摘するために，教科書本文に可視化して示す方法もあります。たとえば，次の文章を要約するとします。

However, ① <u>there are a lot of problems with the oceans and fishing these days</u>. One problem is ② <u>marine pollution</u>. Recently, there has been more and more man-made waste, especially plastic, in our oceans and rivers. Fish and other marine creatures mistake pieces of plastic for food. Many animals are getting sick or dying because of this. Second, there is a problem with ② <u>overfishing</u>. Some fishing companies are catching too many fish. Countries are not working together well to manage marine resources. ③ <u>If this situation doesn't change, our children and grandchildren may not be able to eat fish</u>.

(Crossroads English Communication I, Unit 3, 大修館書店)

要約文には，下線を付した3種類（①〜③）の情報が含まれているのがよいでしょう。学習者の書いた要約文に，これら3種類の情報が含まれるかを，それぞれ赤・青・黄のマーカーで色付けしていきます。色が3色そろっているか，また，いずれかの色が長すぎたり短すぎたりしていないかを見れば，その要約文の良し悪しが一目でわかります。

要約文は，明確に正誤が分かれるものではないので，学習者にとっては，つかみどころのないものに感じられがちです。上述にスモール・ステップで具体的に指導することで，学習者の理解度も高まるでしょう。

(村田　修)

> ☑要約するためには，まずパラグラフ・リーディングに習熟させる。
> ☑要約を書かせる際は，事実に即した簡潔な文になるよう指導する。

第**9**節　指導技術（**7**）視写

　話すことの指導では，モデルとなる英文を音読して英語での発話に慣れる活動がありますが，書くことについても同様に，お手本となるモデル文の真似をする段階は非常に重要かつ効果的です。書くことにおける「お手本の真似」は，「視写」という活動で行うことができます。

1. 効果
　視写とは読んで字のごとく，英文を見て書き写すことです。単語学習の際，単語帳を見るだけ，読むだけよりも，その単語のスペリングを書くことを通じて音声と綴りの一致が実感でき，より定着に役立つという経験をしたことはないでしょうか？　単純なようですが，インプットとアウトプットが組み合わされた効果的な学習方法なのです。この視写は，語句や文だけでなく文章レベルでも行うことができます。良質な英文を書き写すことで，次のようなさまざまな効果が期待できます。

　①既習の語彙・表現を発信に活かす方法がわかる。
　②英語らしい文章構成を身につけることができる。
　③トピック特有の表現内容や表現方法を身につけることができる。

　①については，既習の表現をどう組み合わせれば英語らしい表現になるのか，また，どのような場面で使用するとよいのかがわかります。学習者は，知っている表現を手当たり次第につなぎ合わせて，文法的には正しくても英語らしさを欠く文を書いてしまいがちですが，そういったことを避けることができます。視写をした後には，モデル英文の表現の中で，今後使いたいものに印をつけたり，それらをノートに書き留めたりさせるとよいでしょう。
　②については，例えば Introduction→Body→Conclusion という文章構成や，主張を述べ，具体例を３つ挙げて主張の説得力を増す，あるいは問題提起から入り，その答えを主題とする，といった論理の展開を学ぶことができます。それらの知識を教えてから書かせることももちろん効果的で

すが，モデル英文を視写することを通じて，「構成はどうなっているのか
な」「このような言い回しができるのだな」など，学習者は自分で書きな
がら学ぶことができます。

　視写の大きな目的は上述の①②のような部分ですが，それとは別に③の
ような効果も期待できます。自由英作文や面接においては高校生が日頃あ
まり考えないような高度な話題について問われることがあります。例えば，
「尊厳死について」「裁判員制度の是非」「社会での多様性の促進」などで
す。視写を通じて，こういった話題について述べる際の表現を知るととも
に，自分の意見はどうか，と考えるきっかけが得られます。同じ話題に対
して賛成派・反対派両方のモデル英文を用意しておき，自分の主張に沿っ
た方を選んで視写させると，より主体性を伴う活動になります。

2. 方法・ルール

　視写にあたって，授業者が用意するものは以下の3つです。

① 視写するモデル英文
② モデル英文の日本語訳
③ 視写するための用紙（線が引いてあり，整然と書けるものが望ましい）

これらがあれば活動は成り立ちます。このとき，避けたいのは「視写する
英文と用紙を横に並べて，機械的に書き写す作業を行ってしまうこと」で
す。英文の内容を理解し，疑似的にその文章の書き手となって表現や構成
を考えながら書くことが視写の意義であり，日本語訳を用意するのもその
ためです。早く活動を終わらせるために，「効率良く」英語を書き写すこ
とに専念してしまうと，視写の効果が薄れます。

　したがって，指導に当たっては，「理解した内容を頭に入れて」「書くこ
とができる範囲で」書くようにさせます。具体的には，英文を書く場所を，
英文が印刷されたプリントの裏にします。そして，できれば1文単位，
それが無理なら，理解して覚えられる範囲まで覚えたところで，プリント
を裏返して覚えた英文を書きます。その後，また裏返して英文を覚えて…
という流れで行います。この，プリントを裏返す作業は手間ではあります
が，その間，これから書く英文を頭の中に保持しておく状態になるので，
英語表現への意識が高まりますし，思考を伴わずに機械的に書き写すよう

な活動の形骸化を防ぐためには，必要な手順です。

3. 発展的な活動

　モデル英文の中で覚えておきたい表現は，学習者自身が選べばよいのですが，授業者の側で全員に身につけさせておきたい表現については，例えば復習テストのような形で定着を図ることもできます。前回視写した英文の中から，授業者が抜粋して和文英訳のような形で出題します。ターゲットとなる語彙や表現を身につけることが目的なので，書き始めの数語を指定することで，学習者に書かせる英語をコントロールすることができます。また，個々の学習者は，それぞれ別の表現に印をつけていることも多いので，学習者どうしで問題を出し合うような活動もできます。「自分はその表現にはピンと来なかったけど，言われてみると覚えておきたい表現かも」といった気づきが生まれます。

　学習者の中には，即興で話すことや想像力を働かせて書くことについて苦手意識を抱く人もいるでしょう。しかし，視写は集中力と根気さえあれば，多くの学習者が取り組みやすい活動です。英作文の指導に視写を取り入れることで，より大きな学習成果が期待できるかもしれません。

（村田　修）

☑お手本を真似することは，話すことだけでなく書くことの学習にも有効。

☑視写が機械的な作業にならないよう，適切な負荷をかけることが重要。

第**10**節　指導技術
（**8**）モード転換（モノローグ⇔ダイアローグ）

　市販の教材を見ると，掲載されている英文は「完成品」であるかのように感じられます。そのため，授業づくりでは，掲載されている英文を，そのままの形でどのように扱うべきか，と考えてしまいがちです。たしかに，しっかりと作られた教材であれば，執筆者・編集者・英文校閲者などの厳しいチェックを経ていますので，英文の質は確かなものと言えます。だからと言って，教材に改変を加えてはいけない，ということはありません。むしろ，時には学習者の状況に合わせて加工してみることで，教材をより効果的に活用することができます。

　その方法の１つが，モノローグ（独話）とダイアローグ（対話）を変換する「モード転換」です（一般的な呼称がないので，本書ではこのように呼んでおきます）。教材の英文には，大きく分けると，単独の話し手・書き手による「モノローグ」と，２人以上が言葉を交わす「ダイアローグ」の２種類があります。モノローグの教材をダイアローグに，ダイアローグの教材をモノローグに書き換えるのが，モード転換です。

　例えば，"New Media" と題された次の文章を例に取りましょう。

There have been many great inventions in history, for example, the wheel, paper, and the steam engine.　Inventions can change people's lives. They can create new businesses and new culture.　This is especially true for two recent inventions–personal computers and the Internet. The Internet has become an important kind of media, an important means of communication for many people.

（*Crossroads English Communication I*, Unit 2, 大修館書店）

　この文章はモノローグです。音読させる場合，通常は，斉読（chorus reading），バズ・リーディング（buzz reading），個人読み（individual reading）などの形で，学習者が１人で読む活動を行うことが多いでしょう。

　これを，ペアでの活動に変えてみます。例えば，「あいづち読み」をしてみましょう。１人が１文ずつ読み上げ，もう１人があいづちを打ちます。

Student A: There have been many great inventions in history, for example, the wheel, paper, and the steam engine.

Student B: **Uh-huh.**

Student A: Inventions can change people's lives.

Student B: **You're right.**

Student A: They can create new businesses and new culture.

Student B: **New businesses and new culture?**

Student A: This is especially true for two recent inventions–personal computers and the Internet.

Student B: **I see.**

Student A: The Internet has become an important kind of media, an important means of communication for many people.

Student B: **Exactly.**

　これで，元のモノローグがダイアローグに変わりました。単純な活動ですが，説明文の読解が，ちょっとした会話の練習へと発展しています。

　次に，ここからレベルを上げて「インタビュー読み」をしてみます。相手が1文を読む前に，その1文を引き出すような質問を投げかけます。

Student A: There have been many great inventions in history, for example, the wheel, paper, and the steam engine.

Student B: **Why are they great?**

Student A: Inventions can change people's lives.

Student B: **In what way?**

Student A: They can create new businesses and new culture.

Student B: **Would you give me an example?**

Student A: This is especially true for two recent inventions–personal computers and the Internet.

次の文を引き出すような疑問文を作らなくてはいけないので，思考が要求されます。

　逆に，ダイアローグをモノローグに変換することもできます。次の会話は，中学生の Kota が職業体験で小学校の図工の授業に参加する場面です。

Kota: Hi. I'm Kota.

Ashim: Hi. I'm Ashim.

Kota: Where are you from?

Ashim: Nepal.

Kota: I see. We'll make a kite today. Do you fly kites in Nepal?

Ashim: Yes. A kite is a *changa* in Nepali. We fly kites during the Dashain Festival.

Kota: That's interesting. In Japan, we fly kites at *shogatsu*, the New Year.

Ashim: Let's make a nice kite to fly at the New Year!

(*Here We Go! ENGLISH COURSE 2* Unit 6, 光村図書)

この教材を元に，例えば，「この日の Kota の職業体験日誌を書いてみよう」という活動ができます。学習者は，例えば次のような英文を書きます。

Today, I joined the arts and crafts class. I helped a boy. His name was Ashim. He was from Nepal. We made a kite. He told me that they fly kites during the Dashain festival in Nepal. I thought it was interesting.

Ashim の発言については主語を He にしたり，日誌なので過去形で述べたりと，文法的な操作が必要なので，学習者には少し負荷がかかります。また，内容の面でも，どの情報を含めるかといった思考・判断が要求されます。上の例では，元の会話から抜けている情報がありますが，再度教材を読ませたり，あるいは他の学習者の書いたものと比較させたりすることで，何をどのように書けばよいかを考えさせることができます。

また，この変換はリスニングでも有効で，聞き取った会話の内容を第三者に伝える書く活動は，実際のコミュニケーションを反映したものと言えます。

(村田　修)

☑モード転換によって，教材をより効果的に活用することができる。
☑モード転換は，読む・書くだけでなく，聞く・話すにも活用できる。

第 3 部

英語授業を磨く

第 **7** 章

学校種別の特徴と接続

第**1**節　小学校外国語活動・外国語科と中学校への接続

1. 外国語活動と外国語科

　まずは，外国語活動と外国語科の違いを簡単に確認しておきましょう。

　外国語活動と外国語科で必ず押さえておきたいのは，目標と指導内容の違いです。中学年の外国語活動では「外国語への慣れ親しみ」を目標とし，「聞くこと」「話すこと」の音声を中心に扱います。「慣れ親しむ」とは，その単元の中で使用することが設定されている語句や表現を用いて活動を行っている状態のことを指しますので，「定着」のように既習事項をいつでもすぐに使える状態になっているとは限りません。例えば，Unit 2 でHow many ～? という表現を学習した後に，Unit 3 で I like ～. という表現を学習し始めると，既習事項である How many ～? の表現を忘れてしまい，次に使う時には復習をして思い出すことで再び使うことができるというような状況が考えられます。一方で，高学年の外国語科では「外国語技能の定着」が目標となっており，指導内容も 4 技能 5 領域を扱います。しかしながら，高学年でも依然として「聞くこと」「話すこと」の音声中心の指導に重点を置いており，「読むこと」「書くこと」を含めた 4 技能 5 領域全てを同じバランスで均等に扱うわけではないということに注意が必

表1　外国語活動と外国語科の概要

	外国語活動（活動型・領域）	外国語科（教科型）
開始学年	第 3 学年から	第 5 学年から
時数	年間 35 単位時間 （週 1 コマ）	年間 70 単位時間 （週 2 コマ）
目標	外国語への慣れ親しみ	外国語技能の定着 （「読むこと」「書くこと」の 一部は慣れ親しみの段階）
指導内容	音声中心 （「聞くこと」「話すこと」）	4 技能 5 領域 （「聞くこと」「話すこと」 ＞「読むこと」「書くこと」）
評価	所見の記述による評価	数値等による評価

要です。特に，「読むこと」と「書くこと」の指導については，小中連携においても大切なポイントとなるため，少し詳しく確認していきましょう。

2. 小学校外国語科（高学年）における「読むこと」「書くこと」の指導

　学習指導要領の5つの領域別目標の「読むこと」「書くこと」を確認すると次のようになっています。なお，比較のため中学校の目標も右に示しています。

　まず，目標の語尾（下線部）に注目してみてください。中学校外国語科の目標では全ての目標が「～できるようにする」となっており，当然ですが全て技能の定着を目標としていることがわかります。一方で，小学校外国語科の「読むこと」では，「イ　音声で十分に慣れ親しんだ簡単な語句や基本的な表現の意味がわかるようにする。」となっており，これは初見の単語や表現を読んで意味を理解することができるということではなく，

表2　「読むこと」「書くこと」の目標

	小学校外国語科（第5-6学年）	中学校外国語科
読むこと	ア　活字体で書かれた文字を識別し，その読み方を発音することができるようにする。 イ　音声で十分に慣れ親しんだ簡単な語句や基本的な表現の意味がわかるようにする。	ア　日常的な話題について，簡単な語句や文で書かれたものから必要な情報を読み取ることができるようにする。 イ　日常的な話題について，簡単な語句や文で書かれた短い文章の概要を捉えることができるようにする。 ウ　社会的な話題について，簡単な語句や文で書かれた短い文章の要点を捉えることができるようにする。
書くこと	ア　大文字，小文字を活字体で書くことができるようにする。また，語順を意識しながら音声で十分に慣れ親しんだ簡単な語句や基本的な表現を書き写すことができるようにする。 イ　自分のことや身近で簡単な事柄について，用例を参考に，音声で十分に慣れ親しんだ簡単な語句や基本的な表現を用いて書くことができるようにする。	ア　関心のある事柄について，簡単な語句や文を用いて正確に書くことができるようにする。 イ　日常的な話題について，事実や自分の考え，気持ちなどを整理し，簡単な語句や文を用いてまとまりのある文章を書くことができるようにする。 ウ　社会的な話題に関して聞いたり読んだりしたことについて，考えたことや感じたこと，その理由などを，簡単な語句や文を用いて書くことができるようにする。

Q. はじまりの音がちがうのはどれでしょう。
① ② ③

(cap)　(map)　(cake)
※（ ）内の単語は読み上げのみで、スペリングの記載は無し。

図 音の識別の活動例

それまでの学習において、音声で十分に慣れ親しんだ語句や基本的な表現の意味が、文脈などの手がかりなどを使いながらわかるということが想定されています。一方で、同じ「読むこと」の「ア　活字体で書かれた文字を識別し、その読み方を発音することができるようにする。」とは英語の文字（大文字・小文字）をいわゆる「アルファベット読み」することができるということです。ちなみに、小学校外国語活動・外国語科の学習指導要領では、英語の文字の発音が「読み方」と「音」という呼び方で区別されています。「読み方」はいわゆる「アルファベット読み」のことで、文字の名称を読んで音声化することです。「音」は音素のことで apple の /æ/ の発音のことを指します。小学校外国語科で求められているのは文字の「読み方」を発音できることまでであり、「音」を組み合わせて自分の力で初見の単語を発音することまでは求められていません。

　漢字に音読みと訓読みがあるように、アルファベットにも「読み方」と「音」があることに気づかせ、「音」と「文字」を結び付けるための活動は設定されています。例えば、はじまりの音が異なるものを選ぶ（図1）といった音素を識別するような活動です。ただし、発音と「綴り字」の関連を扱ういわゆるフォニックスのような指導をすることはありません。発音と「綴り字」の関係は中学校で扱うということが中学校の学習指導要領に明記されていますので、小学校段階の「読むこと」では「読み方」の定着と、（綴りではなく）文字と「音」を結び付け、それらを参考にしながら音声で十分に慣れ親しんだ語句や表現の意味がわかる段階であるという点に留意する必要があります。指導の中でつい板書やハンドアウトに書かれた英語の単語や表現などを参照させながら活動を行ってしまうことがありますが、子ども達が英語にカタカナなどで読み方を書いていたり、「先生、この単語何て読むんだっけ？」と尋ねたりする姿が頻繁に見られるようなら、それは子ども達に必要以上に「読むこと」を要求しすぎていたり、音声で慣れ親しむ活動が不十分であったりすると考えられるため注意が必要です。

　続いて「書くこと」では,「ア　大文字,小文字を活字体で書くことができるようにする。また,語順を意識しながら音声で十分に慣れ親しんだ簡単な語句や基本的な表現を書き写すことが<u>できるようにする。</u>」とあり,大文字・小文字の活字体については「定着」が求められています。これはすなわち,中学校の入門期の段階では,今後は大文字・小文字を書くための指導を行わないということです。「書くこと」は児童にとって負荷が大きい学習活動ですので,高学年の2年間をかけてじっくりと取り組み定着させる必要があります。さらに言えば,多くの場合,3年生で大文字,4年生で小文字を「聞くこと(聞いて文字を識別する)」の技能で扱うので,その時から文字を扱う活動などを継続的に取り入れながら文字に触れておくことが必要です。続いて「語順を意識しながら<u>音声で十分に慣れ親しんだ簡単な語句や基本的な表現を書き写すことができるようにする。</u>」については,お手本となる英語の表現などを見ながら「書き写す」という点,「イ　自分のことや身近で簡単な事柄について,用例を参考に,音声で十分に慣れ親しんだ簡単な語句や基本的な表現を用いて書くことができるようにする。」では,「お手本や用例を参考にする」という点が重要です。例えば,I ate <u>curry and rice</u> last night. という用例を見ながら,下線部のみをイラスト付きの単語リストなどから実際に夕食で食べた spaghetti に入れ替えてお手本や用例を見ながら書き写したりするというものです。

　繰り返しになりますが,「読むこと」「書くこと」は,児童にとって非常に負荷のかかる学習活動のため,スパイラルにじっくり取り組む必要があります。中学校以降の学習でも学習者は読み書きにつまずくことがきっかけで英語に苦手意識を感じることもありますから,小学校段階では,音声を重視した指導の中で十分に配慮をしながら「読むこと」「書くこと」を丁寧に扱っていく必要があります。

(篠村恭子)

> ☑小学校では「聞くこと」「話すこと」の割合が大きく,高学年での「書くこと」は「書き写す」「お手本を見て書く」段階である。
> ☑小学校では文字と「音」までを扱い,単語の綴りと発音の関係は中学校で指導する。

第**2**節　小学校からの接続と中学校前期

　第1節でみたように子どもたちは小学校で音声中心の外国語活動・外国語科を4年間経験して中学校に入学してきます。まずは小学校でどんな教材を使って，どんな授業を受けてきたのか，何ができるようになっているのかを把握しておきましょう。中学校の教員は英語教育の専門家として，小学校での指導について把握し，受け入れた子ども達がスムーズに中学校での外国語授業に取り組めるようにしていく必要があります。

　現在（令和3（2021）年以降）の中学校の教科書では，1年生の概ね1学期ほどの間は，小学校の外国語授業で音声中心で学んできたことを，文字を使いながら捉え直すことができるような構成となっています。そのため，中学校の教科書をそのまま教えても，ある程度は小学校と連携をすることができるようになっています。しかし，子ども達が小学校で使っていた教科書と中学校の教科書の出版社が異なる場合などは工夫が必要となるため，いずれにしても小学校の教科書に目を通しておくことは大事です。また，「小中連携」では，小学校の教員との情報交換会，授業参観，TT なども含め中学校英語科教員が小学校で授業を行う，などといったことが考えられますが，現実的になかなか実施が難しい場合もあるでしょう。その際には，教科書を確認することに加えて，少なくとも申し送りなどで外国語授業において配慮すべき学習者については情報共有をしておくようにしましょう。

　一方，小学校の高学年で「読むこと」「書くこと」が扱われているといっても，重点は「聞くこと」「話すこと」にあるという点は前節で確認した通りです。そのため中学校入門期の指導では，はじめは音声に重点を置きながら，徐々に文字を使った指導へと移行していくことが重要です。4月の段階から急に「読むこと」「書くこと」に重点をおいた指導を始めると，学習者は英語の授業での「中1ギャップ」を感じてしまいます。そのため，特に，1年生1学期の中間試験頃までは小学校での音声中心指導を踏まえながら指導を行うとよいでしょう。その結果，例えば，1学期の中間試験では，出題の8割が「聞くこと」を中心とした出題にすることなども十分考えられます。

　前節のとおり，学習指導要領上は小学校で英語の大文字・小文字を書くことができるようになっているはずですが，現実には学習者によって差があります。1年生を担当する場合は，実際にどの程度英語の文字を書くことが定着しているかの確認を早い段階で行うとよいでしょう。そのことで，定着度を確認することもでき，結果を丁寧に確認することで文字の読み書き（もしかすると日本語でも）に困難を感じる学習者を早期に発見し，必要な支援をいち早く行うことができるかもしれません。

　また，中学校に入ると単語の数も増え，読んだり，正しい綴りで書いたりすることも求められるようになるため，発音と綴り字を関連付ける指導を行うこととされています。いわゆるフォニックスでは，概ね6割ほどの綴りのルールを説明することができると言われていますので，小学校で学んだ「音」を組み合わせていくことで単語が読めたり，いくつかの汎用性の高いルールを用いて単語の綴り規則を指導したりすることで，「単語や綴りが覚えられない」といった中学校での学習者のつまずきを減らすことができるでしょう。ただし，フォニックスのルールの中にはかなり細かいものもあるため，多くのルールを教えること自体が目的にならないよう精査し，授業の中心はあくまで言語活動であるという点を見失わないようにする必要があります。

　最後に，中学校入門期では，これからはじまる中学校での外国語学習の見通しをもたせるようにするとよいでしょう。学習指導要領の「主体的に学びに向かう態度」の観点では，自律した学習者の育成が求められています。小学校での外国語授業での学びの上に，中学校3年間の学習がどのように積み上げられていくのか，これからの3年間で何を学び，どのようなことができるようになるのかという見通しをもたせることも重要です。これからはじまる新たな英語学習が楽しみになるようなスタートを切らせてあげたいものですね。

（篠村恭子）

> ☑音声重視の授業から徐々に文字を導入して，アルファベットの定着を確認しながら，発音と綴り字の関係の指導を丁寧に行う。
> ☑中学校3年間の見通しをもたせ，これからはじまる英語学習が楽しみになるようにする。

第3節　中学校後期から高校への接続

　中学校後期（中学2年生後半～3年生）は，限られた数の言語材料を元に教材を作成し，それらに習熟させて表現活動につなげるという，どちらかというと正確さ重視の授業作りの性質が強い傾向があります。

　一方で，進学したあとの高校で出会う英語は，質も量も現実の英語使用に近づきます。そのギャップに備えるためにも，中学校のうちに，高校での学習を見据えた授業展開を一部取り入れておくのも大切なことです。

1. 話す活動の高度化への対応

　語彙の学習では，アウトプット活動の際でも使いこなせる「発信語彙」として習得させるべきものと，意味が理解できればよい「受容語彙」として学ばせるものに分ける考え方があります。授業で扱った語をすべて，どんな文脈でも使いこなせるように訓練する必要はありません。題材に応じて，一度や二度しか出てこない語句の扱いは，何度も出てくる語句とは変えてよい，ということです。

　英語学習において，学習者の習熟レベルを分ける指標に用いられるものに，教材に用いられる語彙の多様性があります。投野（2015）によると，話し言葉のデータを分析し，英単語の出現頻度順にリストを作ると，最頻出の100語が，全体の67%を占め，2000語までであれば83%を占めるとされています。したがって，むやみにインプットの量を増やして，多様な語彙に慣れさせるよりも，限られた授業時間では，様々な課題を通じて頻出の語彙にまずは慣れさせるというやり方がよいでしょう。

　学習者が，伝えたい内容を英語にするのに必要な表現を身につけていない場合，手持ちの表現でその場を切り抜けます。このような行為を総称して「コミュニケーション方略」と呼びます。なかでも方略的な言い換え表現（circumlocution）を積極的に使用するよう促すことは，言語活動に取り組ませるうえでの現実的な対処法として授業に組み込むとよいでしょう。そのような例としては，a vacuum cleaner（掃除機）が出てこない時に，a machine you use to clean rooms，などと言うことが挙げられます。しか

し，社会性の高い話題について述べる時に，抽象度の高い概念を表す語を言い換えることは困難です。例えば，environment（環境）の言い換えを考えるのは大変でしょうし，言い換えられても，それを相手にわかってもらうのは，「掃除機」ほど容易ではありません。学習者の好奇心や，新しい知識を得ることでより融通が利くようになる点も配慮が必要です。高校での語彙の増加も見すえて，扱いの軽重を検討したいものです。

2. 読む活動の高度化への対応

中学の教科書では，学校生活に関わる会話や日記・旅行記，物語といった具体的な題材を扱う文章が多いのに対し，高校では，より抽象的な説明文や論説文が大部分になります。第4章で詳しく見たように，テクスト・タイプによって読みとるべきポイントは異なりますので，何をどのように読み取らせるかという指導のあり方も自然と異なってきます。

たとえば，授業を英語で進めるために，読解の活動として英問英答を行うことがあるかもしれません。しかし，その場合，特に中学校低学年では，発問で読み取りを促すというよりは，生徒が英語で答えられそうなことを選んで発問してあげる場面が多くなりがちです。

例えば物語文では，舞台設定や主要な出来事，登場人物の心情の把握が大切ですし，説明文であれば，読者の知らないことを書き手がどのように想像し説明を展開しているかの理解が大切です。意見文では，筆者の主張とその論拠の対応の把握が大切です。これらの目的を達成するためには，英問英答が最適とは言えない場合もありそうです。

高校の教材では，生徒に背景知識のない題材が扱われることが珍しくありません。そのような教材を読む場合は，文章内部の構造や情報の示し方や配列に目を向ける読み方を指導することが重要になります。

たとえば，中学3年の教材で，日本の漫画やアニメの輸出に関する文章について，次のような発問によって正確な読み取りを促すことができます。

People around the world now know and love Japanese anime. Some characters are familiar to people who do not usually read manga or watch anime. One of the reasons for this success is the adjustments that were made for viewers overseas. （中略）

Consider *Kyojin no Hoshi*, an anime from the 1970s. In it, the main character Hyuma trains very hard and becomes a professional baseball player. In the Indian version, its main character plays cricket, a popular team sport in India.　　（*NEW CROWN English Series 3* Lesson 4 , 三省堂）

問 1 　adjustment と同義で使われている英単語を，文章中より選び，答えなさい。（答え：change）

問 2 　最後の 1 文において書き手はどのような配慮をしていますか。

（答え：cricket を知らない人のために a popular team sport と補足している）

このように，文章の中にある手がかりに着目することで，日本語訳だけに頼らず，高校以降でも通用する読み方を教えることができるでしょう。

3.　文法・構文の扱い方

　文法・構文の面では，高校の教材で顕著に増えるのが，無生物主語やSVOC といった複雑な構文です。複雑な情報を伝える際に他の構文よりも簡潔に表現できるため，高校レベルで扱う抽象的な題材で使われやすいことによります。中学校の教科書では，以下のような例が見られます。

（1）The song reminded us of our deep friendshp.（8 語）
（2）*Captain Tsubasa* made soccer popular in Japan.（7 語）

それぞれ，既習の構文で書き換えると次のようになります。

（1'）When we listened to the song, we remembered our deep friendship.（11 語）
（2'）Thanks to *Captain Tsubasa*, soccer became popular in Japan.（9 語）

　無生物主語や SVOC の構文は，文構造に忠実に日本語訳すると，訳文が不自然な日本語になることが多く，中学生には難しく感じられがちです。しかし，英語らしい構文でもあり，習熟させていきたいものです。上記のように既習の構文で言い換えて提示したり，ドリル的に書き換えをさせたりするなど丁寧な指導を心がけましょう。　　　　　　　　（千菊基司）

☑高校では要求される知識の量が増えるので，徐々に備えさせる。
☑高校で頻出する言語材料が出てきた際，意識的に慣れさせる。

第**4**節　中学校からの接続と高校前期

　高校生になったばかりの学習者が驚くことの１つに，教科書の１ページに載っている情報量が格段に増えることが挙げられます。中学生用の教科書では新出語句の数は制限されていますし，巻末に訳語が掲載されていることも一般的で，学習の負荷はある程度抑えられています。しかし，高校教科書では新出単語や本文の分量がかなり増えます。増えた新出語に対して，辞書を引くだけで対応しようとすると膨大な時間がかかり，英語学習＝辞書引き，というような印象を学習者に与えかねません。さまざまな言語活動を学習者に体験させ，語彙を強化することの大切さを理解させると同時に，活動の高度化への対処法を身につける機会を設けましょう。

1. 語句の覚え方に関する対処法

　活動を通して使いながら身につけさせることが最も強調されるべきですが，学習ストラテジーの獲得も大切な視点です。例えば，発音と綴りの規則性に関して気づきを促すことが必要です。英語には発音と綴りの関係が不規則な例がたくさんありますが，高校入学時までに学んだ語彙をすべて参照すれば，かなりの法則性に気づくことが可能です。例えば，中学校で使っていた教科書を各自に持参させ，-se, -ce といった特定の文字を含んでいる単語をすべて抜き出させてリストにするなどの活動が考えられます。全員が同じように取り組むのではなく，担当を決めて分担するのもよいでしょう。このような活動を通じて，教室が学習コミュニティとして機能していくことにもなります。

2. 読む活動における対処法

　高校段階の読む活動においては，文脈から推測するスキルが欠かせません。そのためには，文中の複数の情報の対比関係や因果関係を利用したり，抽象→具体や言い換え構造のような説明文の文章構造を利用したりします。また，１文の中に，高校に入学したばかりの学習者がまだ触れていないような単語を含めて提示し，意味を推測させる活動に取り組ませ，なぜその

意味になるかを学習者どうしが共有する場面を作るのもよいでしょう。例えば，文脈を手掛かりに，高校入学時の学習者にとっては未知語であると思われる下の文の下線部の意味を推測させてみます。

That toy is a *lethal* weapon. The kid almost killed me with it!〔因果〕

He is usually *loquacious*, but tonight he's rather silent.〔対比〕

Jerry is so *indolent*!　He sleeps late, never does chores unless his mother gets angry.〔具体例による説明〕

I *presumed* or guessed that something was wrong when I smelled the smoke.〔言い換えによる説明〕

※ Adams（1989）を基に作成

このような活動を体験させることにより，学習者は新聞などのオーセンティックな素材に対しても，自力で読んでみようという気になるかもしれません。

3. 話す活動における対処法

「話すこと」の活動では，中学に引き続き即興的なやり取りを伴う活動を体験させ，言葉に詰まった時に時間を稼ぐスキルや聞き取れなかった時に質問するスキルを高めることが必要です。ただし，これらのスキルの習得を，1時間の授業の中で達成することは難しいので，「帯活動」として単元指導に計画的に組み込むことが必要でしょう。

例えば，聞き取れなかった表現があった時の聞き返し方として，"Par-

学習者 A 用のカード：

A: I am planning to spend the summer vacation in Africa.

B:

A: Yes. I'm going to visit Timbuktu in Mali.

B:　　　　　　　　　　　☆下線部はあえて相手に聞こえにくく発音しよう。

A: Timbuktu in Mali. One of my father's friends lives there.

学習者 B 用のカード：

```
A :
B : Did you say "Africa"?
A :
B : Sorry, I couldn't hear you well. You are visiting where?
A :
```

※ Kehe & Kehe (2004) を基に作成

don?" だけでなく，"You went where?" のように，聞き取れなかった部分を疑問詞に置き換えて，求める情報を明確化する方法も指導しておくと，より実践的です。上のような短い対話例を示すカードを用いて繰り返し練習し，使えるレベルにまで高めるとよいでしょう。

4．話すこと・書くことの活動における誤りへの対処法

　「話すこと」や「書くこと」の活動においては，学習者の意識は意味の伝達に向かいますので，形式上の誤りが発生することもあります。高校での英語学習では，使うべき語句が多様になることから，どれだけ練習する機会を与えても，誤りが増加するのは自然なことです。一方で，そういった語句や文法の誤りが否定的に評価されることに過敏になり，英語を話したり書いたりすることに消極的になってしまう学習者もいます。学習者の意識を適切な目標に向けるには，評価方法を工夫して目的を明確化することが大事になります。例えば，作文の目的が読み手を説得することであれば，その目的が達成されている限り文法的な誤りは減点しない，といった評価基準を設け，学習者に周知します。逆に，いくら文法的に整った英語でも，トピック・センテンスが不明瞭な文章は大幅に減点するなど，ねらいとする知識・技能を重点的に評価することにより，学習者の意識を適切に導くことができます。

（千菊基司）

> ☑知識を増やすだけでなく，知識不足を切り抜ける方略も練習させる。
> ☑評価方法を工夫し，学習を適切に方向づけする。

> ### 第**5**節　高校後期から大学への接続

　高田他（2010）では約 7,400 名のビジネスパーソンを対象に実施した調査にもとづき，国際ビジネスに必要なスキルについてまとめています。職務上，英語を用いるコミュニケーションの形態として，「話すこと」「聞くこと」では「電話」が 7 割，「会議」が 6 割，「読むこと」と「書くこと」は「E メール使用」がそれぞれ 9 割でした。学習指導要領では社会で用いられるこうした言語活動を，高校の英語授業でも取り入れることが期待されています。また，回答者のうち，TOEIC 高得点のビジネスパーソンは「相手を説得する説明や，論理展開ができること」が英語教育の中で強調されるべきであると答えています。交渉やディベート，スピーチなどが学習指導要領で強調されているのも，このようなビジネス界の要請と軌を一にするものであることを，英語教師は意識しておくべきでしょう。

1. 大学入試問題を活用した指導

　高校も後期になると，大学入試への対応が求められる学校も多く，学習者にとっても大きな学習動機となります。入試問題を教材とすることで学習者のニーズに沿った指導ができるでしょう。入試問題の英文には，高校生にとって知的に刺激的な題材が取り上げられ，試験対策にとどまらず，じっくりと扱うのに適しているものが多くあります。例えば，グラフなどの情報を読み取って意見を述べる形式の作文問題は，語彙を少し調節することで，そのまま「話すこと」や「書くこと」の言語活動に用いることができます。また，自由英作文には工夫が凝らされている問題も多くあります。例えば，東京大学の問題（2004）を使って，「都会で一人暮らしをして大学生活を送りたい高校生」が「自宅から通える大学に進学させたい親」を説得することを目標に，学習者間で役割を分担したスピーキング練習をさせることができます。

　また，教科書と同じ題材を扱っている入試問題を練習問題にしたり，定期考査の一部に応用問題として出題したりすることも可能です。授業で指導したスキルの到達度を測るためには初見の素材を用意したほうがよいのですが，題材が同じ英文であれば語彙の負担が下がりますから，思考・判

断・表現や知識・技能を測る評価問題として妥当性が高まります。これにより，日本語訳を覚えることで定期考査に対応するような英語学習から脱却させることができます。市販の入試問題のデータベースはトピックに関するキーワードを入力すれば，関連問題を検索することができるので，活用するとよいでしょう（著作権には配慮が必要です）。

　ただし，大前提として，入試問題は，あくまで大学入学への選抜のために作られたもので，英語力をつける教材として作られているわけでないことは忘れてはなりません。時には，断片的な知識が問われていたり，不必要に難解な表現が含まれていたりするため，入試問題を扱う際は慎重さも必要です。

2.　大学での英語学習を見据えた指導

　高校までの英語学習は，基本的に English for General Purposes（EGP）であり，聞くこと，読むこと，話すこと，書くことの4技能にわたって，全般的な能力の伸長を目指します。幅広く基礎を作ることで，将来英語が必要になった時に対応できる潜在的な力を高めておくという発想です。

　一方，大学では，EGP に加えて English for Specific Purposes（ESP），つまり，医学，工学，法学といった専門分野で求められる英語を学ぶカリキュラムもあります。学生それぞれの専攻に合わせて，研究や実務の差し迫ったニーズに対応できる英語力を身に付けることを目指します。

　そういった高校卒業後の英語学習では，学習の目的あるいは動機づけも変わってきます。高校までは，学校の定期テストや大学入試で好成績を収めることが強力な学習動機であり得ました。大学でも，TOEIC® や TOEFL® といった資格試験でのスコアがひとつの目標にはなりますが，他の人と同じテストを受けて優劣を競うという意味合いは薄くなります。その代わり，個々人の興味関心やニーズに応じて，それぞれにとって価値のある英語を身に付けることが学習動機として働き始めます。

　そのことを踏まえると，高校から大学への接続期には，全員一律に与えられた教材で同じことを学ぶのではなく，学習内容や学習方法を自分で選ぶ経験を学習者にさせるとよいのではないでしょうか。これは，大学教育において配慮が求められる部分ではありますが，高校でも，生涯学習ができる自立した学習者を育てる意味で，学習者個人の裁量を大きくする学習

活動を取り入れてみる価値はあります。

　例えば，プレゼンテーションのテーマを生徒に自由に選ばせてはどうでしょうか。企業の宣伝，製品仕様の解説，自分が打ち込んだスポーツの歴史，好きな作家の作品レビューなど，何でも良い，ということにするのです。ただし，独りよがりにならないように，内容に馴染みのない聞き手にも理解できるように説明の構成を工夫したり，そのテーマを設定した理由を説明したりといった配慮を発表の条件とすれば学習活動として成立します。準備の際は，できるだけ学習者を自立させるため，インターネットや翻訳アプリを上手に利用するよう推奨します。大切なことは，「発表して終わり」とならないよう，聞き手からの質問や感想をフィードバックとして，より良い発表へと修正させることです。

　また，学習者の自立を手助けするには，学習者が活用できるリソースを紹介し，実際に授業で使わせてみるとよいでしょう。インターネットはこの点において強力なツールで，NHKの語学番組と連動したウェブコンテンツを始めとして，発音を分析してくれるサイトや，書いた英文の文法をチェックしてくれるツール，ウェブ上で自学できる無料のコースを提供するサービスなど，新しいものが次々と登場しています。また，SNSを通じて学習者コミュニティに参加することもできます。高校までは，そのような学習支援は教室の中で提供されていたのですが，卒業してしまうと一気にアクセスが難しくなり，自分で何とかしなければならない状況に置かれてしまいます。そうなったときにも自立して学習を続ける術を伝えておくのは有意義です。

　学習を自己管理するという点では，CAN-DOリストが活用できます。CAN-DOリストに示された能力記述と自分の現状を照らし合わせて，たとえば単元や学期ごとに自分の達成状況を自己分析する習慣をつけさせておくと，漠然と学習するのではなく，一定の目標を立てて，そこに向けて学習するという学習態度が育ってくるのではないでしょうか。

（千菊基司）

☑学習者が卒業後に英語を用いる場面を意識して言語活動を用意する。
☑大学入試問題も，工夫して使えば良い教材になる。

第 **8** 章

多様な生徒に対応する

第**1**節　発達障害等の生徒

　授業デザインの基本の１つは，どの生徒も置いていかない授業を追求することです。この章では，特に学校教育を念頭に置き，英語授業の前提として，多様な学習者をどう理解し対応するかについて考えます。

1. 発達障害の理解

　障害などのために特別な配慮を必要とする生徒への指導について，中・高等学校の新学習指導要領には，「学習活動を行う場合に生じる困難さに応じた指導内容や指導方法の工夫を計画的，組織的に行うこと」とあります。学校全体での取り組みの中で，当然のことながら，英語科教員も特別な配慮を必要とする生徒を理解し，その困難に寄り添った指導や支援を進めていかなくてはなりません。なかでも，発達障害のある児童生徒はどの学校にも一定の割合いると言われ，その多くは通常学級に在籍しています。英語授業デザインは，教室の中にいる発達障害の生徒も念頭に置いて行うことが求められているのです。

　発達障害とは，自閉症，アスペルガー症候群その他の広汎性発達障害，学習障害，注意欠陥／多動性障害，その他これに類する脳機能の障害であって，その症状が，通常低年齢において発現する者として政令で定めるものをいうとされています（文部科学省，2007）。その中でも，自閉症，アスペルガー症候群その他の広汎性発達障害を，アメリカ精神医学会が規定する診断基準では，自閉症スペクトラム障害（ASD）としており，最近はこの定義がよく用いられるため，本節でもそれにならいます。

　このように，教育における発達障害の定義や分類は，医療や福祉におけるものと同じではなく，さらにまた今後，発達障害の定義や関連法案が変更され，特別支援教育の視点でも定義される可能性があります。このような変化にも注意をしながら，ここでは，現在の定義や分類に従って発達障害の特徴や困難について説明し，その理解に基づいた英語授業での支援のしかたについて見ていきます。

● 自閉症スペクトラム障害（ASD）

　対人コミュニケーション及び社会的相互交渉の障害，興味・関心の狭さ
や特定のものへのこだわりを特徴とします。これらの特性に加え，感覚面
の過敏性，鈍感性や，視覚的優位性，また，細部の断片的な認知に優れる
ものの，全体を捉えることに困難があるといった随伴する特性があります。

● 学習障害（LD）

　基本的には全般的な知的発達に遅れはないが，聞く，話す，読む，書く，
計算する，又は推論する能力のうち，特定のものの習得と使用に著しい困
難を示す様々な状態を指すものと定義されています（文部科学省，2004）。
学習障害のある生徒は，背後にあると推定されている脳と脊髄の機能障害
のために，情報を受け止め，整理し，関係づけ，表出するといった情報処
理の過程のどこかに十分機能しないところがあり，そのために学習につま
ずくと考えられています。

● 注意欠陥／多動性障害（ADHD）

　年齢あるいは発達に不釣り合いな注意力，及び／又は衝動性，多動性を
特徴とする行動の障害で，社会的な活動や学業の機能に支障をきたすもの
と定義されています（文部科学省，2004）。そして，ADHD のこのような
状態の背後には，中枢神経系に何らかの要因による機能不全があると推定
されています。

2.　英語授業における配慮

　上に挙げたような発達障害の現れ方や程度は生徒によって異なるため，
ステレオタイプ的な対応にならないように，1 人ひとりの生徒の実態に合
わせた指導・支援をしなくてはなりません。また，英語という教科の特性
や内容に合わせることも重要です。ここでは，様々な支援事例の中から，
英語授業では欠かせない要件に絞って，いくつか取り上げます。

（1）座席の位置を工夫する

　発達障害のある生徒にとって，教室のどこに座るのか，また，周りにど
んな生徒がいるのかは，学習や活動への参加や取り組みに大きな影響を与
えます。教室の中での座席位置に関しては，黒板が見やすく授業者からの

支援も受けやすいため，教室の前列が適した位置だと考えられます。ただし，教卓に置かれた教材・教具が刺激となって生徒の衝動的な言動を誘発することや，授業者の声や機器からの英語音声が大音響で襲い掛かってくるように感じることで，生徒が不快な思いをすることも危惧されます。そのため，生徒の座席をただ前列にするだけでなく，衝動性のある生徒に対しては，授業前の休憩時間のうちにその日に使用する新しい教材・教具を見せておいたり，感覚過敏のある生徒のために適度に音量を下げたりする等の配慮も必要です。

（2）ペアやグループの編成を工夫する

　ペア・ワークやグループ・ワークをすることの多い英語の授業では，発達障害のある生徒と上手に関われるように周りの生徒を指導したり，普段から良好な関係にある生徒と組み合わせることに留意したりします。そのため，座席が近い生徒どうしを組み合わせる場合は，前もって英語用の座席を指定します。また，ペアを固定せずに，日替わりでペアを替えるようにして，本人やペアを組む生徒の負担感を軽減させるようにすることも考えられます。学級の雰囲気，本人と周囲との関係など，学級全体の人間関係がどれくらい醸成されているかを勘案して判断するとよいでしょう。

（3）授業の展開に配慮する

　集中すること，情報を処理することに困難がある生徒のために，見通しを持たせて，段階的に進め，わかりやすい授業を展開します。見通しを立てて計画的に作業を進めることや，場面や状況に合わせて柔軟に行動することに困難がある生徒，情報の整理が苦手な生徒などへの支援として，授業の内容や進め方をあらかじめ示しておくと，精神的な負担が軽減されます。例えば，英語の授業では，黒板の隅に「今日のステージ」や「今日のメニュー」等の表現で，学習事項や活動をリスト化して授業の流れを示すことで見通しを持たせることができます。また，言語活動を何段階かに分けてスモールステップで実施することも，生徒の混乱や不注意によるミスを防ぐことに役立ちます。さらに，授業者が簡潔で具体的な指示をすることや，口頭だけでなく絵や文字等で視覚化して情報を与えることもわかりやすい授業へとつながります。

（4）読み書きの困難さに配慮する

　読み書きを苦手とする生徒は，音素（音韻, /æ/ /b/ /k/ など）と書記素（a, b, c, など）とが複雑に対応する英単語の習得には特に困難を示します。音素の聞き取り，文字の識別，発音と綴りの関係についての丁寧な指導方法が示されている村上（2021）等を参考に，中学校・高校でも単語の読み書きの指導を継続させましょう。また，読み書き全般に時間がかかる生徒のために，落ち着いて課題に取り組めるような時間配分に気をつけたり，教材・補助教材・板書内容を読みやすく加工して与えたりするようにします。例えば，配布資料は，文字のフォント（手書きに近いものなど）や行間の読みやすさを考えたり，拡大版にしたりすると，読み飛ばしや読み間違いの多い生徒の支援となります。

（5）ICT 機器を活用する

　障害によって学習する上での困難がある生徒のために，スマートフォンやタブレット PC などの ICT 機器を効果的に活用することが推奨されています。読んだり書いたりすることの多い英語の授業では，読み書きに困難のある生徒を置き去りにしないためにも，教科書や筆記用具に代わるものとして ICT 機器を役立てられる場面は多くあります。

　例えば，読み書きが困難な生徒に，タブレット PC やノート PC を読み書きの道具として使用させたり，撮影・録音・録画による板書や説明の記録を認めたりすること等が考えられます。また，コミュニケーション活動への参加が困難な生徒を支援する例として，話すことの苦手な生徒がタブレット PC に原稿を入力し，読み上げ機能を用いて「発表」させるという方法等も提案されています。

（樫葉みつ子）

☑発達障害の生徒も念頭に置いて授業をデザインする。
☑生徒の実態に合わせて，柔軟な指導や多様な支援を行う。

第**2**節　非協力的（反抗的）・過度に協力的な生徒

　授業中の生徒の非協力的（反抗的）な態度は，本人や周囲の生徒の学業に良くない影響を与えるだけではなく，授業規律を危うくするため，見過ごすことはできません。極端な反応の奥にあるものに対処する必要があるといった点では，過度に協力的な態度で授業に臨む生徒の場合も同じです。

1. 生徒の背景にあるものの理解

　家族の世話や家事のために日常生活に支障が出たり，進学が阻まれたりしているヤング・ケアラーの問題があります。また，貧困や虐待などの厳しい家庭環境や，スマートフォンが普及したことによるネットを介した生徒間のトラブル等の報道に触れるたびに，現代の中高生の生きづらさが感じられます。このような心配事や不安を抱えていては，学校生活への意欲を生徒が持てなくなるのは当然でしょう。現代社会を象徴するこのような問題だけでなく，次に挙げる心理的・環境的な背景も生徒の学習意欲や学習態度に影響を与えます。

- 養育者からの愛情や庇護のもとで育まれる「人間への信頼」が，虐待や放任などのために十分に育っていないこと。
- 育ちの過程で自分の感情をコントロールして，上手に伝えられるような「社会的能力」がまだ学習できていなかったり，誤った対処方法を学んでしまっていたりすること。

　生徒の背景にあるこのような問題について，残念ながら教師はすべて把握しているわけではありません。生徒が望ましくない行動をとるとき，表面化したことだけで判断せず，心理的・環境的に困難な状態に置かれている可能性を十分念頭に置いて，その生徒に接することが求められます。

　大人数の生徒が一緒に学ぶ教室では，生徒個々人の背景にまで思いを致すことはできないにしても，どんな生徒も安心して安全に学べるように，仲間づくりを推進し授業ルールを浸透させながら，生徒１人ひとりに英語力をつけるべく授業を展開することを心がけましょう。

2. 非協力的（反抗的）な生徒への対応

　英語の授業中に生徒が非協力的（反抗的）な態度を見せるときは，英語がわからない，授業がおもしろくない，自分が認められていないと感じるなど，何らかの不安や不満を表明していると考えていいでしょう。生徒をそのような気持ちにさせる要素を授業展開の中から見出して，事前に対処することが重要です。以下では，授業を見直すポイントと非協力的（反抗的）な生徒を指導する際に気を付けることについて見ていきます。

（1）生徒の居場所と対話のある教室

　授業者や周囲の生徒からの疎外感を感じさせないように，教室での居場所作りに配慮するのは，発達障害等の有無にかかわらず，どのような生徒に対してでも同じです。まず，すべての生徒にとって教室が安心で安全な場所となるように，周囲の生徒との関係に配慮して，座席を決定します。

　特に，言語活動の際，生徒にいきなり話をさせようとしがちですが，話させる前の指導として，相手の発言を聴くことの重要さを伝え，傾聴することを指導します。お互いが聞き上手になることで，対話も促進されます。授業者の方も，生徒の発話の誤りばかりを取り上げずに，生徒が伝えようとしている意味内容をしっかり受け止めているかも見直してみましょう。

（2）認めることやほめることの多い授業

　注意されることや叱られることの多い授業よりも，認められることやほめられることの多い授業の方が生徒にとって安心で安全なため，学級が落ち着いて問題行動も起こりにくくなります。そのため，期待する生徒の反応を，注意や叱責によってではなく，ほめ言葉で引き出せるようにすることが大事です。例えば，生徒を静かにさせたい時などに，"Be quiet!" を連発するのは賢いやり方ではありません。大声での注意は教室の雰囲気を悪くしますので，その代わりに "You have ten seconds to be silent. Ten, nine, eight … one, zero." などと指示を出してみてはどうでしょう。また，時間が経過してもまだ話し続ける生徒がいたら，険悪なトーンで名前を読んで注意するのではなく，その生徒に視線を送ります。それで気が付いて話をやめたら，授業者が大きくうなずいてやって，その生徒の行いを認めたことを伝えるようにするのです。このような指示を出すと，だれも叱らずにすみ，暗い雰囲気になりません。

（3）問題行動への対処

　場合によっては，授業者が生徒に非協力的（反抗的）な態度を取らせているのではないかと思うような場面も時々あります。授業者の勘違いや不適切な指導が原因で，生徒の非協力的（反抗的）な態度を誘発しないように気をつけましょう。授業中，隣の生徒にちょっかいをかけているように見える場合でも，危険を伴うときは別ですが，まずは周囲の状況を確認します。案外，隣の生徒を手伝ってあげていたりすることもあるものです。また，私語は一般的には良くないものとされていますが，内容に注意を向けると授業の感想のつぶやきや，疑問点の教え合いだったということがあります。授業者は生徒のつぶやきや疑問点を取り上げて指導に役立てたり，悪気のない言動が収まるまでしばらく様子を見守ったりするといいでしょう。

　生徒が明らかに悪いことをしていると判断されるときは，人格を否定するような言い方にならないように気をつけて，毅然とした態度で簡潔に注意を与えるようにします。授業中，注意しても態度が改まらないような生徒に対しては，もし多くの生徒がそのような状態であれば，その場で指導し，一部の生徒であれば，別の場所に連れ出して指導するようにします。いずれの場合も，そのような行動の背景を理解することが最優先です。頭ごなしに叱ってしまうと生徒の反発を招くだけでなく，最悪の場合，事実誤認に基づく不適切な指導となって生徒からの信頼を完全に失ってしまいます。したがって，まずは冷静に生徒の話を聞いて，本人の抱いている不満やその背後にある問題の理解に努めます。大人が受け止めようとしてくれていると感じることで，生徒も冷静さを取り戻すことはよくあります。英語の授業以外の問題があるとわかった場合は，自分1人で解決しようとせず，他の教職員や関係機関と連携するようにしましょう。

3. 過度に協力的な生徒への対応

　教師が期待するような反応をいつも進んで示すような生徒は，教師からすると扱いやすく，本人の学習も順調に見えるため，問題に気づきにくいものです。しかし，家族や同級生とうまくいっていないなどの理由から，教師に気に入ってもらおうとして無理をしていることも考えられます。また，教師が特定の生徒ばかりひいきしていると他の生徒に思われることも

問題です。

　過度に協力的な生徒への対応も，基本的には非協力的（反抗的）な生徒の対応と同じようにします。まず，教室内に居場所ができるように，英語の授業ならではの言語活動を通して周囲の生徒との関係性が育まれるようにします。

　その上で，過度に協力的な態度への対応を考えます。例えば，授業中に率先して何度も発表しようとすることが気になる場合，発表や指名の機会が均等になるようなルールを設け，あらかじめ伝えておくことで，拒絶されたと感じさせずに，過剰な反応を抑制することができます。「全員1回は指名する」というルールを設けて，座席表の名前にチェックを入れながら展開する授業を参観させてもらったことがありますが，どの生徒も同じように大切にされていると感じたものです。

　また，生徒はほめられることで自信をつけます。生徒の良いところを見つけ，できるだけ言葉にして伝えることは教師の役割ですが，気になる生徒に対しては，特にそうしたいものです。その一方で，教師のほめ言葉は，時に生徒を支配する力をもち得ることにも注意しなくてはなりません。自信のない，孤立しがちな生徒をあまり頻繁にほめていると，教師の顔色を見て行動するようになります。生徒の個性や主体性を抑圧しないほめ方としては，「あなたは○○だ」と人格を決めつけずに，「あなたが△△したことで，私は感動した」といった「私メッセージ」で，生徒のその時の行為に対する自分の思いを伝えるのがいいとも言われます。他の生徒の前で／1人のときになど，ほめるタイミングにも気をつけたいところです。

　授業の土台は，生徒と授業者，そして生徒どうしの人間関係です。授業だけでなく学校生活の様々な場面で生徒に接して1人ひとりの良さに触れ，生徒の期待に応えながら信頼される関係を育んでいきましょう。

（樫葉みつ子）

☑生徒が安心して意欲的に参加できるように授業を展開する。
☑問題行動の背景にあるものの理解と状況に合わせた対処に努める。

第**3**節　習熟度の低い生徒

　ここでは，習熟度の低い生徒を生じさせることを防ぐための指導・支援の
あり方と，すでに習熟度に課題がある生徒への対応について取り上げます。

1. 英語授業のユニバーサル・デザイン

　授業のユニバーサル・デザインとは，授業の進め方の中にある困難さに
目を向けて，どの生徒もつまずかせないように，特別支援教育の工夫や方
法論を教科独自のものと融合させて授業を工夫改善しようとする実践のこ
とです。以下，生徒が英語の授業展開についてこられるようにし，また，
授業内容を理解できるようにするための支援方法を見ていきましょう。

（**1**）英語の授業展開における支援方法

　湯澤・湯澤（2017）は，授業における主要な支援方法を，場面ごとに
「情報の整理」「情報の最適化」「記憶のサポート」「注意のコントロール」
の観点から示しました。下の表は，その中から英語授業に関連するものを
選び，教科の特性を加味して，授業の場面ごとにまとめたものです。困難
を感じる生徒に寄り添った支援の具体策を示しています。

（**2**）授業内容の理解のための支援方法

　初学者の多くが困難を感じるのは，単語が読めない・覚えられないとい
った語彙学習の問題です。その対応の一例として，村上（2019）には，長
めの単語を聞いて真似ることができるようにさせる，次のような方法が紹
介されています。

〈音節ごとに区切って，後ろから順に声に出して言わせる指導〉
　①単語を音節ごとに区切る。　　　　例）im/por/tant
　②一番後ろの音節を言ってみる。　　　　"tant"
　③後ろから2番目の音節と一番後ろの音節（por/tant）をつなげて言っ
　　てみる。　　　　　　　　　　　　　　　"portant"
　④すべての音節（im/por/tant）をつなげて言ってみる。　　"important"

表 英語の授業の場面ごとの支援方法

授業の場面	支援方法
授業の構成	• 最初に前時の授業内容を思い出させる • 本時の目標を明確に示す • 授業を短いユニットに分ける • 授業の流れを板書やカードで明示し，見通しをもたせる • 最後に授業を振り返りまとめをさせる
学習形態・ 学習環境・ 学習のルール	• ペアやグループで活動させる • 学習のルールを決めておき，視覚的に提示しておく • 既習語彙や文法事項などをリスト化して準備し，言語活動時に生徒がすぐ参照できるようにする • ICT機器を活用して自分で調べられるようにする • 課題の量を調整し，考えて表現する時間を十分にとる • 手順を図式化するなど，視覚的に提示する
指示の出し方・ 発問や説明の しかた	• 一旦，注目させた後に，短い言葉で簡潔に指示を出す • 教科書のページを板書するなど，大切な指示は文字で示す • 全体に指示を出した後は必ず生徒の反応を確認する • 必要な生徒に対して個別に指示をする • 「ポイントは3つです」など，聞きやすく工夫して話す • 指示や要点を生徒に復唱させて，理解を確認する • 「あれ，これ」という指示代名詞を使わず，具体的に話す
教材・教具	• 必要な教材以外は机の中に片付けさせる • 絵やイラストなどの視空間的情報を使って説明する • 考え方がわかるようなワークシートを準備する • ワークシートを活用し，授業のユニットごとに目標とする活動に専念できるようにする
板書の工夫・ ノート指導	• 板書のしかたやノートの取り方をパターン化する • 色チョークや色ペンを効果的に用いる • 話を聞くときと書くときの時間を分ける • 発音の似ている言葉や聞き誤りやすい言葉を板書する • ノートする箇所は，印や「ノート」と書いたカードで示す
生徒の発表	• 発表のしかたのルールを決めて，カードなどに明示する • 生徒の発言を適宜区切り，わかりやすい言葉で言い換える • 生徒の発表後，授業者がポイントを整理する

湯澤・湯澤（2017）を基に筆者作成

　3音節以上の単語は多くの生徒にとって難しく，一回聞いただけではうまく真似できませんが，授業者が単語を区切って，最後の部分からゆっくりと少し大げさに発音すれば，聞き取って真似しやすくなります。聞き取って真似させる部分を段階的に増やすことで，最後には自然な口調で発音された長い単語を真似ることができるようにさせる方法です。音声化できない単語は覚えられないため，このような手立てを加えて語彙学習の困難を軽減します。

　語彙の次に生徒がつまずきやすいのが文法です。まず，小学校では体系的な文法指導は行っていないため，中学校の入門期には，小学校の内容を復習しながら文法指導を導入するようにして，指導内容や指導方法に小・中で段差を生じさせないように気をつけます。その次に，生徒がわかりやすく文法を学べるように，英語教育の分野での指導法に多感覚刺激（視覚，聴覚，運動感覚，触覚を複合的に活用して，どんな生徒も理解できるように情報を示すこと）を使う工夫を施すことが考えられます。飯島他（2000）に示された着眼点やいくつかの指導例は，中学校や高校での実践においても大変参考になります。

2.　つまずきへの対応

　一斉授業の中で，生徒のつまずきに気がついたときは，①そのつまずきを共有してクラス全員の習熟を図る，②個別に指導する，のいずれかの対応を取ります。多くの生徒がつまずいている項目は，タイミングを見計らって全体の場で取り上げます。一斉指導の中では改善しない生徒，または，固有の課題が背景にある生徒に対しては，授業中や放課後に個別指導を行います。

（1）語彙学習のつまずき

　単語の綴りが覚えられない原因として考えられるのは，文字と音との結合の弱さです。小学校への英語教育の導入にともない，文字の読み書きができるものとして中学校はスタートします。しかし，小学校では音声言語での学習が多いため，文字と音との結びつきは十分に強化されていないかもしれません。また，高校生になっても，その課題が解決されていないことは十分考えられます。単語の綴りを覚えることが苦手な生徒のためには，

文字と音との関係の復習から始め，発音と綴りとの基本的な対応関係を徐々に教え，文字や単語が読み書きできるように指導します。読み書き以外に，英語の音の聞き取りに困難がある場合は，しっかり英語を聞かせることも指導に含めます。

(2) 文や文章を書くことのつまずき

　文や文章を書くことには，一般的な知識，書字力，語彙知識，文法の知識・技能など，多くの力が関与するため，ポイントを絞った対応が必要です。例えば，文の要素を正確に並べられない場合には，単語カードを与え，それらを並べ替えて文を作らせます。語彙を綴らなくてもよいとすることで，文構造や文法に集中できるようにするための支援です。書く内容を思いつかない場合は，授業者が問いかけたり，ブレイン・ストーミングに取り組ませたりして，関連する知識を引き出したり整理したりすることを支援します。

（樫葉みつ子）

☑授業展開や学習の支援方法の工夫で生徒のつまずきを防ぐ。
☑知識や技能のつまずきには，原因に応じポイントを絞って対応する。

第**4**節　習熟度の高い生徒

　中学や高校に以前からある習熟度別学習に加えて，大学入試に飛び入学が導入されるなど，習熟度の高い生徒をさらに伸ばすための制度的な取り組みが広がりつつあります。では，生徒の学力差がある通常の英語の授業では，習熟度の高い生徒をどのように伸ばすことができるのでしょうか。

1. どんな生徒も伸びる授業

　指導計画の立案や授業準備の際，生徒の大部分が達成できるようにと考えて授業者は目標を設定します。そのためか，校内研修や研究大会で配布される指導案の中の授業者の指導や支援に関する欄には，目標を達成できないときの指導の手立てが書かれていることはあっても，容易に目標を達成することができる生徒への対応について書かれていることはほとんどありません。習熟度の高い生徒は，手のかからない生徒として授業者の目に留まりにくい存在なのではないかと気になります。

　頑張って挑戦したくなるような興味深い課題に取り組むことの大切さは，習熟度の低い生徒だけでなく，習熟度の高い生徒にも言えることです。わからない・できない課題が英語の苦手な生徒のやる気をそぐように，簡単すぎてやり甲斐のない課題ばかりを与えられていると，習熟度の高い生徒にとって英語の授業はつまらない苦痛なものになります。生徒を無気力にさせてしまわないように，習熟度の高い生徒が意欲的に参加し学力を伸ばすことのできる授業展開の在り方を考えてみましょう。

2. 一斉指導の中での個別学習・小集団学習の充実

　文法の練習や本文の読解等に個人で取り組ませるために，ワークシートを生徒に配布することがよくあります。課題を簡単すぎると感じたり，時間を持て余したりしないよう，習熟度の高い生徒のために，与える課題に工夫を施して時間を有効に使えるようにします。例えば，ワークシートに「チャレンジ問題」を付けておき，全員共通の課題を終えたら取り組ませるようにするという方法があります。チャレンジ問題の答えはワークシー

トの隅や裏に印刷しておくと，生徒が自分で確かめられるので，一斉指導には影響がありません。また，余った時間の活用方法をあらかじめ伝えておくこともいいでしょう。単語や文法の定着のための学習方法を指導し，生徒にいつでも自分で活用するように勧めておくと，余剰時間に生徒が英文を作って新出語句を覚えたりします。時間の使い方や学習方法を工夫できるような，主体的に学習に取り組む生徒を育てることにもつながります。

　また，生徒がワークシートに回答し終わった後は，答えの確認作業に入ることが多いですが，その際に，授業者が説明するのではなく，ペアやグループという小集団内で教え合うようにさせる展開も考えられます。答えをそのまま他のメンバーに示すのではなくて，その答えになる理由を相手がわかるように説明させると，教えてもらう側の理解が促進されるだけでなく，教える側もより深く理解できるという利点があります。

3. 知識・技能を活用できる授業展開

　学習塾や家庭教師などの学校外の学習によって，教科書の語彙や文法に関する知識を学び，本文の意味も理解している生徒には，学習塾の復習のような内容の授業には新鮮味がなく，あまりおもしろくありません。知識の説明や練習，本文の意味理解だけに終わらないよう，それらを活用する言語活動を中心とした授業を展開して，習熟度の高い生徒にも適度な負荷がかかるよう工夫します。

　例えば，テキストの概要や要点を把握させるための発問を例にとると，事実発問にとどめず，推論発問や評価発問を取り入れたりすることにより，考えたり表現したりすることができて，習熟度の高い生徒を飽きさせません。生徒の感想や意見を伝え合う活動に発展させて，やり取りの力を伸ばすこともできます。教科書の英文の例で見てみましょう。

〈日本での 1 年間の思い出を投稿したケイトのブログから〉

October 10

Trip to Takamatsu

My family took a trip to Takamatsu, Kagawa.

We went to Konpira-san. My brother and I climbed all 1,368 steps. My parents waited in a sweet shop.

Then we all joined an *udon* class. *Udon* is like spaghetti, but *udon* is soft and thick. I made it for the first time. I liked the taste.

（*NEW CROWN English Series 1* Lesson 6, 三省堂）

香川県への旅行の思い出としてケイトは，金毘羅神社に参拝したことと，うどん学校でうどん作り体験をしたことをブログに書きました。教科書では，次の英文の空欄を埋めることで，「どこで」「何をしたか」を読み取らせるようになっています（ここでは，あらかじめ埋めてあります）。

Kate ＿＿(went)＿＿ ＿＿(to)＿＿ Konpira-san and ＿＿(climbed)＿＿ 1,368 steps. She ＿＿(made)＿＿ *udon* for the ＿＿(first)＿＿ time.

その次には「感想や質問など，ケイトのブログにコメントを書こう」という思考・判断・表現のための課題が設けられています。しかし，感想や質問を書くためには，生徒は本文の内容を深く理解しておかなくてはなりません。そこで，明記されていないケイトの気持ちを想像させ，彼女の体験を自分と関連づけさせるために，次の発問を加えます。

Q : Why didn't Kate's parents climb the steps？
A : 1,368 段もの階段を上るは大変だから / スウィーツを食べる方が好きだから
Q : Can you make *udon*？　Do you want to make *udon*？
A : 作れない / 作ったことがない / 試しにやってみたい

このように読みを深めさせ，感想や質問を次のように表現させます。

• You climbed all the 1,368 steps！　That's great！　Did you like konpira-san？
• I like *udon,* so I want to join an *udon* class and make it.

答えが明示されていない質問に対する答えを考えたり，多様な考えを伝え合ったりすることができるのが，授業ならではのおもしろいところです。多くの生徒にとって，英語で発問に答えたり感想を表現したりすることは簡単ではないかもしれませんが，だからといって活動の機会を奪いたくはありません。習熟度の高い生徒の発表をモデルにして，発表内容や表現の

仕方等をみんなで学び合えば，どの生徒も伸びることになります。

　現在の教育課程では，思考力・判断力・表現力を，コミュニケーション活動を通して育成することとされています。学力差のある教室の中では，語彙や表現方法などの支援によって，どの生徒も参加できるようにすることに留意して，やりがいのある課題に全員に取り組ませるようにしましょう。支援を必要としない習熟度の高い生徒も，課題が思考を刺激し，表現の意欲をかきたてるようなものであれば，自分の力を十二分に発揮して頑張る姿を見せてくれることでしょう。

4. 授業以外の多様な学習機会の活用

　英語は多様な学びが可能ですので，授業以外にも学習の機会や能力を発揮する機会があることを紹介し，活用を促します。各種の英語民間試験に加え，学校内外の行事として，英語スピーチ・コンテスト，英語エッセイ・コンテスト，英語ディベート大会などがあります。英語に興味をもっている生徒に，参加を勧めてあげるといいでしょう。また，生涯学習の観点からも，インターネット上の英語学習教材の利用を推奨したいところです。定番の NHK ラジオ・テレビの語学番組は，放送後しばらくの期間，好きな時間に視聴できるので，自分のペースで英語学習を続けることができ，便利です。動画サイト（YouTube など）では，英語圏のニュース番組なども見ることができ，社会的な話題に興味のある生徒のニーズも満たします。

　今では，多様なメディア（新聞や雑誌・テレビやラジオ・インターネット）から好きなジャンルの情報を英語で得ることができます。実際に英語を使いながら学ぶ楽しみも教えてあげたいものです。

（樫葉みつ子）

> ☑一斉指導の中での個別学習や小集団学習を充実させる。
> ☑授業以外の多様な学習機会にも目を向けさせる。

「研究開発学校」は大変?

　学習指導要領は社会の変化や発展に対応するために約10年に一度のペースで改訂されていきます。「研究開発学校」とは，そうした改訂に向けて実証的な資料を得るために指定される学校のことです。「研究開発学校」は現行の学習指導要領を超えた先進的な取組みが求められるという点で，現行の学習指導要領に沿った内容を円滑に実施することを目的とする一般の学校教育と異なります。

　筆者も，英語教育の改善を目指す「研究開発学校」に勤務したことがあります。研究の経過や成果を詳細な報告書にまとめたり，外部に発信したりする必要があり，苦労もありますが，指定されたことがきっかけとなり，優れた研究成果を挙げ，その結果授業が大きく改善された学校は全国に少なくありません。苦労の分だけ，報われる部分も大きいと言えます。

　たしかに，研究開発課題の解決に向けた取組みは決して平坦な道のりではありません。「授業改善」とは，まさに「言うは易く行うは難し」です。しかし，それを乗り越え，優れた成果を収めてきた学校には，個別の研究成果とは別に「見えにくい」成果が残ります。教師の「同僚性」です。

　「同僚性」のある職場では，お互いの授業参観で「授業を批評する側とされる側」という上下の力関係は存在しません。授業に対する助言がどれほど厳しいものであろうと，授業者には授業を丁寧に振り返り，自ら安心して語ることができる場が保障されます。授業改善のための糸口です。

　筆者も「同僚性」に支えられ，3年間にわたる指定期間を「楽しむ」ことができました。「同僚性」は報告文書のように文字として残るものではありませんが，確かな「成果」として心の奥深く刻まれ残っています。

（小橋雅彦）

第 **9** 章

アクティブ・ラーニング
（主体的・対話的で深い学び）

第**1**節 アクティブ・ラーニング（1）主体的な学び

　本章では，学校教育全体や外国語科で育成を目指す資質・能力を育成するために，学習者が「どのように学ぶか」について考えていきます。学習指導要領では，「どのように学ぶか」を「主体的・対話的で深い学び」と定義し，より具体的な学びの在り方について説明しています。

　「主体的・対話的で深い学び」を行うのは学習者です。しかしながら，これまでは，授業者が何を教えるかに重点が置かれ，学習者がどのように学ぶかについては軽視されることも少なくありませんでした。授業者が効率的に教えることができても，学習者が効果的に学んでいなかったかもしれません。以下，3 節にわたり「主体的・対話的で深い学び」の定義を概観し，そのような学びを導くための授業デザインについて考えていきます。

1. 「主体的な学び」の定義

　中央教育審議会答申（平成 28（2016）年 12 月）では，主体的な学びを次のように定義しています。

> 　学ぶことに興味や関心を持ち，自己のキャリア形成の方向性と関連付けながら，見通しを持って粘り強く取り組み，自己の学習活動を振り返って次につなげる「主体的な学び」が実現できているか。

　（1）学ぶことに興味や関心を持つ，（2）自己のキャリア形成の方向性と関連付ける，（3）見通しを持って粘り強く取り組む，（4）自己の学習活動を振り返って次につなげる，これらの主語はすべて学習者です。では，授業者は，学習者を「主体的な学び」に誘うために，日々の授業，単元や年間を通した授業において，どのような支援ができるでしょうか。

2. 学ぶことに興味や関心を持つための支援

　学習者が学びに対して興味や関心を持てるように授業者ができる支援の 1 つに，良質の問いを提供することがあります。問いをきっかけに学んでみたいと興味や関心を持てば，学習者は主体的に学びに向かいます。特に，

学習者自身が自ら問いを設定することができれば，教材に対する興味や関心がさらに高まるでしょう。例えば，以下のような手順で学習者は自ら問いを設定することができます。

【単元のあらすじ】

　パラグアイの厳しい環境で生活する子どもたちが，大人のサポートを受け，ゴミ処理場で拾った廃品で楽器を作り，練習を重ねて演奏に自信をつけたオーケストラへと成長し，SNS をきっかけに有名になり活動の場を拡大していく話（*Power On English Communication II, Lesson 3*，東京書籍）

　まず，単元の第 1 時において，このランドフィル・ハーモニック（埋め立て地の交響楽団）の英語の YouTube 動画を視聴し，その後，教科書の写真をきっかけに以下の手順で質問作りを行います。その際，単元の学習に興味や関心を持たせるために，日本語で質問を作ることもできます。

【質問づくりの手順】

① 学習者が 4 人 1 グループで，できるだけ多くの質問を作る。
② closed question を open question に，また open question を closed question に変えるなど，質問を改善する。
③ 質問に優先順位をつけ，3 つの重要な質問を選ぶ。
④ 優先順位の高い質問に答えるために，何を知る必要があるか，何をする必要があるか等，探究の手立てを話し合う。
⑤ 振り返りを行う。

【学習者の質問例】

- どういう目的でゴミから作った楽器で演奏していたのか？
- なぜこの活動を始めようと思ったのか？
- 音楽は誰から教わるのか？
- なぜこのバンドは有名になったのか？

　これらの質問によって，学習者は自ら課題を設定した上で教科書に触れることになり，主体的に教材に向き合い，情報や考えを得ようと試みます。学習者が「主体的に学ぶ」ために興味や関心を持つための仕掛けとしては，この他にも発達段階に応じて，具体物を提示したり，「自分ごと」になるように自分との関連性を示したりすることが考えられます。

3. 見通しを持って粘り強く取り組むための支援

　最近よく聞かれる言葉の1つに Grit があります。「根性」「気概」などと訳される語ですが，Guts（ガッツ），Resilience（回復力，しなやかさ），Initiative（自発性），Tenacity（粘り強さ）の頭文字を取った言葉であると説明されることもあります。Grit が注目される理由は，それが社会で求められている資質・能力の1つであるからです。学習指導要領においては，見通しを持って粘り強く取り組むという言葉で表現されています。

　学習者がこのように見通しを持って少々の困難にも挫けず，最後まで粘り強く取り組むための支援の1つとして，授業者が活動の目標を明確にし，評価規準を学習者と共有することが考えられます。

　例えば，第6章で紹介した音読活動について考えてみます。音読活動の目標を英語力向上のためのトレーニングとして捉え，音読自体は評価の対象としないこともありますが，一方で，音読自体を評価の対象とすることで学習者が音読活動に取り組む姿勢が変化することもあります。昨今，音読の成果を対面でのパフォーマンス評価で測るだけではなく，オンラインで課題を配信して，音読などを録音した音声ファイルを提出してもらうことも可能になりました。学習者に音読の目標を次ページのようなルーブリックで共有することによって，学習者は日々の授業や家庭学習において，見通しを持って音読に取り組むようになります。また，何回も音読をして，自分の納得のいく音読の成果を提出することができるため，粘り強く取り組むようになります。このように，活動の目標を明確にし，ルーブリックを学習者と共有することで，学習者は見通しを持って主体的に学ぶようになります。

4. 自己の学習活動を振り返って次につなげるための支援

　資質・能力を向上させるためには，振り返りをすることで，自らの学びのプロセスを認知することが最も重要であると言われています。つまり，自分自身の現状を把握し，何ができていて何ができていないかを把握することと，次のステップとして何を目標とするかを明確にすることが重要ということです。

　3. で示した通り，学習者が見通しを持って粘り強く取り組むためには，授業者が活動の目標を明確にし，ルーブリックを学習者と共有することが

Lesson3 Part.1 Performance test について（英文暗唱）

①暗記（文章を覚えているか）＊成功するまで挑戦する

スーパー 4ポイント	標準 3ポイント	もう少し 2ポイント	頑張れ！！ 1ポイント	頑張れ、頑張れ！！ 0ポイント
・1回で完璧に成功 ・助けを得ることなく、最後まで言い切ることができた。（言い直しなし・途中で止まらず言える）	・1回で成功 ・多少の言い直しあるいは言いよどみがあるが、助けを得ることなく、制限時間内に読み切ることができた。	・2回目で成功 ・助けを得ることなく、制限時間内に読み切ることができた。	・3回目で成功 ・助けを得ることなく、制限時間内に読み切ることができた。	・4回以上かかった ・助けを得ることなく、制限時間内に読み切ることができた。

②速度（相手に伝わりやすい速度で読んでいるか）●制限時間は2分

2ポイント（ちょうどよい）	1ポイント（速すぎる）	0ポイント（遅すぎる）
50秒以上1分40秒以下	49秒以下	1分41秒以上

③イントネーション・ポーズ・発音など

スーパー 4ポイント	標準 3ポイント	もう少し 2ポイント	頑張れ！！ 1ポイント	頑張れ、頑張れ！！ 0ポイント
・話し手が話す英語が理解しやすい。 ・自然な場所でポーズが置かれていて、発音も正確である。 ・発音、ストレス、リズム、イントネーションが正しい。	・話し手が話す英語が理解しやすい。 ・発音、ストレス等、4よりもやや劣るが、しっかり練習してきたことが伺える。	・話し手が話す英語を理解するのに聞き手がやや負担がかかるが、ある程度理解できる発音である。 ・音読練習が十分ではないことが伺える。 ・発音やポーズの間違いにより、理解するのが少し難しい。 ・ストレス、リズム、イントネーションが聞き手に混乱を起こしそう。	・音読できてないため、話し手が話す英語を理解するという段階ではない。 ・音読練習が完全に不十分である。 ・簡単な単語や語句の強弱は正しくできている。 ・個々の音、ストレス、リズム、イントネーションが話し手の話す別の言語によって影響を受けている。	・英語を発していない ・発している英語を聞き取ることができない。

④言い直し・言いよどみ・間違い（冠詞のミスやsのミスは0．5換算）

2ポイント	1ポイント	0ポイント
・言い直しや言いよどみ、間違いは0～2回 ・自分ですぐに直して続けることができる	・言い直しや言いよどみは3～5回 ・自分で直して続けることができる	・言い直しや言いよどみが6回以上 ・あるいは途中であまりにも間が空く、止まってしまう。

⑤アイコンタクトやハンドジェスチャー，伝えようという姿勢

2ポイント	1ポイント	0ポイント
・アイコンタクトや手の位置や動きが自然で、相手に伝えようとする姿勢が伝わる。	・アイコンタクトやハンドジャスチャーに不自然さがある、あるいは不十分である。	・アイコンタクトなどがなく、相手に伝えようとする姿勢が感じられない。

図　暗唱ルーブリック例

必要です。そして，ルーブリックを用いて授業者による評価を行った後は，学習者と一緒に学びの過程と結果を振り返り，学習者自身が次の目標を設定する支援を行うとさらに効果的です。

（加藤賢一）

☑学習者に自ら問いを設定させる。
☑評価規準をもとに学びを振り返り，学習者自身に目標を設定させる。

第2節　アクティブ・ラーニング (2) 対話的な学び

1. 「対話的な学び」とは？

中央教育審議会答申（平成 28 (2016) 年 12 月）では，対話的な学びを次のように定義しています。

> 子どもどうしの協働，教職員や地域の人との対話，先哲の考え方を手掛かりに考えること等を通じ，自己の考えを広げ深める「対話的な学び」が実現できているか。
>
> 身に付けた知識や技能を定着させるとともに，物事の多面的で深い理解に至るためには，多様な表現を通じて，教職員と子どもや，子どもどうしが対話し，それによって思考を広げ深めていくことが求められる。

上記の定義は，私たちが対話の意義を考えるのに大変参考になります。学習者が対話する相手として，(1) 学習者どうし，(2) 教職員や地域の人々，さらには (3) 文献等を通じて触れることのできる先哲の考え方が挙げられています。

また，対話をすることの一番の目的は，自己の考えを広げ深めることであるといえます。このような「対話的な学び」を通して，自分 1 人では達することのできないところまで自分の考えを広げたり深めたりし，物事を多角的に捉える資質・能力を育成することができます。本節では，日々の授業，単元や年間を通した授業において，学習者の「対話的な学び」を導くために授業者はどのような支援ができるかを考えていきます。

2. 自分の思いや考えを表現するための支援

教科書に載っている情報や考えなどを的確に理解することは外国語科の目標の 1 つであり，多くの授業時間が英文内容の理解にあてられています。音読，英問英答，要約，リテリング，リプロダクション，モード転換（モノローグ⇔ダイアローグ）などの活動を通して，英文の深い内容理解につなげようという活動は多くの授業で行われており，本書でもこれらの手

法について多くのページを割いて説明しています。これらの活動は，学習内容をしっかりと習得させるために有効な活動です。しかし，それが英語授業のすべてではありません。学習内容の理解をふまえて，さらに，学習者が自分自身の思いや考えを表現する活動を充実させることで，英語が学習者自身の言葉として定着していくのです。

　学習者が自分自身の思いや考えを表現するためには，（1）学習者が自分自身の思いや考えを思い切って表現できる安心できる環境づくりができていること，（2）学習者が教材に興味や関心を持ち，自分の思いや考えを持つことが奨励されていること，そして，（3）自分の思いや考えを表現する機会が確保されていることが前提になります。

　正しい答えだけを追い求める授業や，自分自身の思いや考えを述べると周りの学習者に否定されたり嘲笑されたりする環境ではなく，学習者と共に安心な学びの場としての環境を作り上げるとともに，学習者の思いや考えを引き出す（"ファシリテーション facilitation"とも呼ばれます）力が授業者に必要です。まずは授業にペアワークやグループ活動を取り入れ，学習者が自分の思いや考えを表現する機会を設けてみることから始めるとよいでしょう。

3．学習者の考えを引き出し，共有し，広げ深めるための支援

　学習者の思いや考えを引き出し，対話を通して，広げ深めることは単元のどのタイミングでも行うことができます。例えば，単元の導入時に学習者の考えを引き出す活動を考えてみましょう。前節の「主体的な学び」でも紹介しましたが，学習者が動画や写真をきっかけとして，自ら問いを生み出すことも，学習者が自らの考えを表現する活動の1つです。学習者は問いを考える際，グループでの対話を通して活動を行います。自分1人では考え付かないような問いもグループの他のメンバーの考えに触発され，さらにより良い問いを生み出すことができます。また，グループで話し合った内容をまとめて，クラス全体で共有することでさらに学びが深まります。模造紙や黒板にグループで出た問いを書き出すこともできますし，ICT機器を活用することもできます。

　また，次のように，学習者の思いや考えを引き出し，対話を通して，広げ深める活動に取り組むこともできます。

活動名：ライティング→フィードバック→リライト

【単元のあらすじ】

　レストランで美味しそうな料理が出された時，多くの人々がスマホで写真を撮り，SNS に投稿する。しかし，その目的がその経験を覚えておくことであれば，写真を撮るのではなく，その瞬間を楽しんだ方がよいという著者の考えが最近の研究例とともに示されている。

(Power On English Communication II, Lesson 1，東京書籍)

　この単元のターゲット活動として，筆者の考えに対する自分自身の考えを 80 語以上の英語で表現するという言語活動を行います。ここでは，教科書に書いてある筆者の考えを単に鵜呑みにするだけでなく，自分なりの思考を働かせて多角的で深い理解に至ることを目標にします。

　まずは，学習者に自分の考えを表現してもらいます。次に，グループ内で共有し，他のメンバーの考えの良い点とよくわからない（改善すべき）点をフィードバックします。そして，それを踏まえて自らの意見をリライトします。このように，グループ内での対話（相互フィードバック）を通して，学習者は自らの考えを広げ深めることができます。

4. 教室を超えた対話の場の提供

　現在では，教室の内と外とをつなぐ対話の場を設けることが容易になっています。近年の ICT 環境の急速な発展，さらにはコロナ禍の影響により，学校内でもオンライン学習を行うための環境が整ってきました。外部からゲストを呼ぶ際，実地で行う場合はさまざまなことを調整する必要があり，準備に手間がかかりますが，オンラインであれば海外の人とも気軽に協働活動を行うことが可能です。英語の授業でも，特に，海外の人々との「対話的な学び」はますます今後取り入れられると予想されます。ここでは同時性のある「対話的な学び」と時間差を伴う「対話的な学び」の 2 パターンを紹介します。

（**1**）同時性のある「対話的な学び」

　同時性のある「対話的な学び」としては，オンラインで海外の学習者等とつなぎ，対話の場を提供することができます。もし，学習者が英語に習

熟していなければ，クラス全体で1つのスクリーンを通して対話の場を設定することもできますし，学習者1人1人が発言する時間を多くしたければ，少人数のグループでの対話を行うことも可能です。また，海外の学習者と協働してプロジェクト学習を行うこともできるでしょう。単元の終わりにパフォーマンス課題として，英語でプレゼンを作成し，海外の有識者に対してプレゼンを行うことにより，対話を通して学びを深めることができます。

(2) 時間差を伴う「対話的な学び」

　一方，オンライン・プラットフォームを活用すれば，海外の学習者等と時間差を伴う「対話的な学び」を行うこともできます。例えば，先程のような与えられたテーマについて，学習者が自分の思いや考えを英文，イラスト，写真，動画等，さまざまな方法で表現し，オンライン・プラットフォームに投稿します。それを受け取った海外の学習者が日本の学習者に対し，感想を述べたり，また，SDGsに関するプレゼンテーション資料のような作品をつくるのであれば，より良い作品とするためにフィードバックを行ったりすることなどができます。

　同時性のある「対話的な学び」であれ，時間差を伴う「対話的な学び」であれ，異なるバックグラウンドを持つ海外の人々との対話は，学習者の考えを広げ深めるだけでなく，物事の多面的な見方を養うのに大変役立ちます。教室を超えた対話の場を設けることは，最初はハードルが高く感じられるかもしれませんが，そのような環境が整い，いざ実践するとなった場合を想像し，どのような取り組みを行いたいかをまずは考えてみてはどうでしょうか？　学習者にどのような資質・能力が求められるかを具体的にイメージし，それを授業で育成するにはどうすれば良いかを考えるきっかけとなるでしょう。

（加藤賢一）

> ☑学習者の考えを引き出し，共有し，広げ深めるための支援を行う。
> ☑教室を超えた対話の場を提供する。

第**3**節　アクティブ・ラーニング (3) 深い学び

1. 「深い学び」とは？

　中央教育審議会答申（平成 28（2016）年 12 月）では，深い学びを次のように定義しています。

> 　習得・活用・探究という学びの過程の中で，各教科等の特質に応じた「見方・考え方」を働かせながら，知識を相互に関連付けてより深く理解したり，情報を精査して考えを形成したり，問題を見いだして解決策を考えたり，思いや考えを基に創造したりすることに向かう「深い学び」が実現できているか。

「見方・考え方」については以下のように定義されています。

> 【外国語によるコミュニケーションにおける見方・考え方】
> 外国語で表現し伝え合うため，外国語やその背景にある文化を，社会や世界，他者との関わりに着目して捉え，コミュニケーションを行う目的・場面・状況等に応じて，情報や自分の考えなどを形成，整理，再構築すること。

　外国語によるコミュニケーションにおける見方・考え方とは，外国語でコミュニケーションを図る際，相手との関係性や，コミュニケーションの目的・場面・状況を考慮した上で，伝えたいことをどのように表現し伝えるかを考え，実行することであると言えます。例えば，長い付き合いのある友人と対面で話す時と，初対面の人とオンラインでビジネスの交渉に臨む時とでは，コミュニケーションの図り方は異なります。外国語学習を通して，このようにコミュニケーションの目的・場面・状況に応じてコミュニケーションを図る力を育成することが求められています。そのため，授業づくりにおいては，外国語によるコミュニケーションにおける見方・考え方に基づき，コミュニケーションの目的・場面・状況等を明確にした言語活動を組み立てることが必要になります。

　また，言語活動の内容についても，より高次の思考スキルが求められて

います。上記の答申から，深い学びに向かうには，（1）知識を関連付けること，（2）情報を精査すること，（3）問題を見いだして解決策を考えること，（4）思いや考えを基に創造することが必要であると言えます。

Bloom's Taxonomy（ブルームの思考の分類）（修正版）で考えてみると，（1）記憶する（Remember），（2）理解する（Understand），（3）応用する（Apply），（4）分析する（Analyze），（5）評価する（Evaluate），（6）創造する（Create）のうち，（6）創造する活動までを目指していることがわかります。本節では，コミュニケーションの目的・場面・状況等を明確にし，深い学びへと学習者を導く単元のデザインについて考えます。

2. 学習到達目標（CAN-DO リスト），年間目標，単元目標を振り返る

「深い学び」を導く単元のデザインについて考えるにあたって，自分の学校の学習到達目標（CAN-DO リスト）ではどのような目標を提示しているかを確認しましょう。目標自体が「記憶すること」や「理解すること」の段階にとどまっていれば，そもそも「深い学び」を授業に取り入れる素地ができてないと言えます。

また，到達目標を達成するための評価の在り方についても確認しましょう。最終的な評価問題が，定期考査等における多肢選択形式のものであれば，学習者を「深い学び」に導いているとは言えません。英文を読み，情報を関連づけ，精査する力の評価ではあるかもしれませんが，問題を見出し，解決策を提示したり，自らの考えを創造したりすることの評価には至っていないからです。学習者の「深い学び」を導き評価するためには，定期考査にエッセイ・ライティングを取り入れたり，定期考査とは別にスピーチ，プレゼンテーション等のパフォーマンス・テストを行ったりするなどの工夫が必要です。

3. 「深い学び」へと学習者を導く単元のデザイン

1 コマの授業において，主体的・対話的で深い学びの全ての要素を取り入れることも可能ですが，本節では，単元の最後のパフォーマンス課題を学習者に提示し，単元全体の学びを通して，学習者が学んだ知識を関連付け，情報を精査し，自ら問題を見出し，解決策を創造するような単元デザインについて考えます。

活動名：「エシカルな暮らし」を提案しよう！

【単元のあらすじ】

　安価で最新の流行に基づいたファスト・ファッション製品を大量に早く生み出すことを可能にする裏には，低賃金で長時間労働をせざるを得ない問題，児童労働の問題，大量消費によるゴミ問題などがある。これらの問題を解決する手段として，エシカル・ファッションについて紹介されている。

（Power On English Communication II Lesson 2，東京書籍）

　この単元末の課題として，以下のパフォーマンス課題を設定します。目標は，学習者が，ファスト・ファッションの問題について，自らはどのように行動するのかについて考え，自らの考えを創造することです。

【パフォーマンス課題例】

　あなたは，SDGs を声高に叫びながらも，何の行動も起こさない人々に疑問を抱いている地球市民（グローバル・シチズン）です。

　ファスト・ファッションの問題を引き起こす要因を 1 つ取り上げ，その課題を解決するための解決策を創造し，3 分間程度のプレゼン用の資料を作りましょう。〇月〇日にブラジルの大学にお勤めの先生をお迎えして，オンラインで発表会を行います。

　学習者に見通しを持って粘り強く学習に取り組ませるように，単元の最初に単元を通しての目標であるパフォーマンス課題とルーブリックを提示します。学習者は，単元を通して，ファスト・ファッションの問題やエシカル・ファッションについての情報を理解し，教科書全体の内容を 1 分間のリテリングで表現するパフォーマンス・テストを行うことで学習内容

Performance rubric (Sadako story) Attitude 高 1			Class:	No.	Name:
	4pts	3pts	2pts		1pt
Attitude	Excellent	Good	Average		Below Average
Grit	Clearly makes their best effort to perform (even if speech and delivery skills are not so good)	Makes a good effort but sometimes shows a little frustration or lack of confidence	Makes some effort but doesn't appear to be trying their best		Doesn't make a good effort to perform
Collaboration	Clear and strong collaboration with other group members	Generally good collaboration with other group members but could be stronger	Shows some collaboration with group members but also shows some lack of interest		Doesn't appear to collaborate well with group members

図　パフォーマンス・テストのルーブリック例

の定着を図り，その上で，パフォーマンス課題に取り組むように単元全体をデザインします。ICT 環境が整っていれば，オンライン・プラットフォームを用いてプレゼン資料を学習者が協働して作成することもできます。

　また，パフォーマンス課題の作成にあたっては，以下の RAFTS の各要素を意識すると良いでしょう。

- **Role**（**役割**）：学習者に役割を与え，課題に取り組ませる。本単元では，アクションを起こす必要性を考える地球市民としている。
- **Audience**（**聴衆**）：誰に対してプレゼンを行うか。学校に勤務する ALT でも良いが，ICT 環境が整っていれば海外の専門家に対してプレゼンを行うことも可能。
- **Format**（**形式**）：学習者に提示するアウトプットの形式。この例では，3 分間のプレゼンテーション資料。
- **Topic**（**話題**）：学習者が何について資料を作成するのか。この例では，ファスト・ファッションの抱える問題の解決策の提案。
- **Strong verb**（**明確な目標**）：パフォーマンス課題の目標。なぜ，3 分間のプレゼンを作る必要があるのか？　本単元では，ブラジルの大学の先生を納得させること。

　「外国語によるコミュニケーションにおける見方・考え方」にあるとおり，学習者はコミュニケーションを行う目的・場面・状況等に応じて，情報を関連づけ精査したり，思いや考えを創造することが必要です。学習者の深い学びを導くために現実の社会課題に焦点を当て，実際に社会で働く人々に対してプレゼンテーションを行うなど，真正の学びの場を単元，学期，もしくは年に 1 回でも設定することができれば，学習者をより深い学びへと導くことができるでしょう。

（加藤賢一）

> ☑コミュニケーションの目的・場面・状況等を明確にした言語活動を行う。
> ☑情報を関連づけ精査したり，思いや考えを創造するパフォーマンス課題を設定する。

第4節 **アクティブ・ラーニング（4）資質・能力**
（汎用的技能・パフォーマンス課題）

1. VUCA な時代を生き抜くためのジェネリック・スキル

　グローバル化の進展や科学技術の急速な発展により，私たちは
「VUCA」（Volatile（不安定），Uncertain（不確実），Complex（複雑），Am-
biguous（曖昧））な世界を生きていると言われます。このような先行き不
透明な社会で活躍できる人材を育成するために，学習指導要領では「何が
できるようになるか」を目標とし，そのために必要な資質・能力が「生き
て働く知識・技能の習得」，「未知の状況にも対応できる思考力・判断力・
表現力等の育成」，「学びや人生を社会に生かそうとする学びに向かう力・
人間性の涵養」という 3 つの柱で整理されています。一方，世界の教育
の動きを見てみると，OECD（経済協力開発機構）が，2015 年から Educa-
tion 2030 プロジェクトを進めてきました。Education 2030 プロジェクト
では，これからの社会で活躍できる学習者には，知識（Knowledge），技能
（Skills），態度及び価値（Attitudes and Values）という資質・能力が必要で
あると定めています。

　これら日本と世界の教育改革の流れから，これからの社会では知識だけ
でなく，思考力・判断力といった認知スキルや，協働力やコミュニケーシ
ョン力といった社会スキルが必要であることがわかります。そして，これ
らのスキルに加えて，態度や価値観も必要であり，また育成可能であると
いうことがわかります。つまり，学校全体の教育活動を通して，ジェネリ
ック・スキル（汎用的技能）の育成が求められています。

　英語を通じて，積極的にコミュニケーションを図ろうとする態度の育成
に取り組み，ここ数年来 CAN-DO リストを用いた目標設定に慣れ親しん
できた英語教師にとっては，このような学習指導要領の理念は理解しやす
いでしょう。本節では，「何ができるようになるか」を評価する方法とし
て，パフォーマンス課題について考えます。

2. パフォーマンス・テストとパフォーマンス課題

　学習者のライティング力やスピーキング力などは，パフォーマンス・テ

ストにより評価することができます。例えば，英検のスピーキング問題（準2級）は，50語程度のパッセージを20秒間で黙読した後，音読を行い，パッセージやイラストについての質問に答え，最後は受検者自身の意見を答える形式で行われています。評価規準としては，（1）英文の内容がきちんと伝わるように，個々の単語の発音や意味の区切りなどに注意して読むことができる，（2）与えられた情報を理解し，適切に答えることができる，（3）自らの考えを論理的に答えることができる，（4）積極的にコミュニケーション図ろうとしている，などが考えられます。このようにパフォーマンス・テストでは，情報や考えなどを的確に理解したり適切に伝えたりする資質・能力を評価することができます。

　一方，リアルな文脈の中で，様々な知識や技能を応用・総合しつつ何らかのタスクを行う課題はパフォーマンス課題と呼ばれ，レポートや新聞作り，プレゼンテーションの作成などが挙げられます（京都大学大学院教育学研究科 E.FORUM）。情報を関連付け精査したり，問題を見つけ解決策を創造したりすることがある点で，パフォーマンス・テストよりもより高次な思考スキルを必要とします。また，パフォーマンス課題にグループで取り組むことにより，コミュニケーション力や協働力といった汎用的な社会スキルを育成することができます。

　このパフォーマンス課題を行う際は，課題を提示する際にルーブリックを学習者と共有するとよいでしょう。学習者はパフォーマンス課題を通して，どのような力を身に付けることが期待されているのかを理解し，その目標の達成に向けて取組を進めることができます。

　また，ルーブリックは学習者の振り返りに使うこともできます。授業者だけでなく，学習者自身や学習者同士でもルーブリックによる評価を行い，何ができたか，次は何ができるように取り組むか学習者と対話します。それにより学習者自らが次の目標を定めることができるでしょう。

（加藤賢一）

☑英語学習を通じて，VUCA な時代に求められる汎用的技能を育てる。

☑パフォーマンス・テストやパフォーマンス課題を通じて，学習者の自律や協働を支援する。

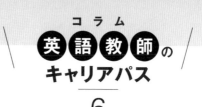

コラム 英語教師の キャリアパス

6

自らの「学力観」を見直そう

　「学校で育成すべき資質・能力」を「学力」としたとき，みなさんは，どのような学力観を持っているか，ご自身で考えたことがありますか？　私自身の学力観の変遷を振り返ると，それは自らの経験に大きく影響を受けていることがわかります。私は大学入学時に1年浪人＋1年いわゆる仮面浪人を経験し，受験勉強に多くの時間を費やしました。そのため，塾講師時代や学校での若手時代は，「受験で良い点を取る力」が私の目指す「学力」でした。

　その学力観が大きな転機を迎えたのは，過疎地域にある1学年1クラスの小さな分校に転勤したときです。生徒の幅広い進路希望を叶えることができなければ地域の生徒・保護者から信頼を得られません。そのため，大学進学から専門学校，就職まで，幅広い進路希望を持つ生徒たちに，社会に出た時に役立つ資質・能力を育成する必要がありました。受験学力も大切な力の1つではありますが，それがすべてではありません。小さな頃から限られた人間関係で育ってきた生徒には，自らの考えを相手にわかりやすく説明する論理的思考力やコミュニケーション力が何よりも大切でした。英語の時間だけでなく，学校の全ての教育活動において，メモを見ることなく，自らの考えをスピーチ，プレゼン，寸劇などで表現する力を育成するよう全教職員で取り組みました。まさに今の学習指導要領を先取りした取り組みでした。その後，県教育委員会や文部科学省での勤務を経て，公立高校の現場に戻ってきました。こうしたキャリアを通じて，学力観をしっかりと持つことの重要性は，ますます強く感じられるようになりました。

　オフィシャルな学力観は学習指導要領に示されていると言えますが，十分に理解を深めるためには，学習指導要領の改訂の経緯や基本方針，中央教育審議会答申等を読むことをお勧めします。その上で，自らの経験に基づいた学力観を振り返り，今後の社会を創造する生徒に必要な資質・能力について，英語の授業で何ができるかを考えるとよいかと思います。教師の学力観が授業の在り方に大きく影響し，生徒の学力観の基礎となります。時間のある時に，自らの常識・前提である学力観を振り返ってみませんか？

（加藤賢一）

第 **10** 章

動機づけ・振り返り（リフレクション）・評価

第**1**節　到達目標と指導計画・評価計画

　日々の英語授業を行う場合，あらかじめ（1）授業で生徒にどのような力をつけさせたいのかという目標と，（2）その目標に向けてどのように指導を行い，どのように評価をするのかという計画（指導計画，評価計画）を考えておくことが必要となります。もし，これらの授業の目標や事前計画を立てずに授業を行った場合，あなたの生徒は，最終的なゴールを認識しないままに，また，どのように学習が進むのかを理解せず授業を受けることとなり，学習意欲の減退とともに，英語の学習目的そのものを失うことが考えられます。また，これらの目標や計画は，生徒と共有することも重要です。もし，仮に生徒から「なぜ，英語を勉強しないといけないのか」という質問を受けたとしたら，これらの目標や計画を生徒と共有ができていないことが原因ということもあるでしょう。

1. コース・デザインを立ててみる

　授業を行う際には，コース・デザインを設定することが重要です。コース・デザインには，以下の3点が必要です（*Dubin & Olshtain,* 2002）。

- 到達目標：授業後に，生徒が何を学び，どのような力が付き，そして，何ができるようになるのについての最終的な学習目標
- 指導計画：その目標に向けて，何をどの順番で教えるのか（シラバス・デザイン）と，教材選定や指導法を含めてどのように教えていくのか（カリキュラム・デザイン）に関する計画
- 評価計画：それぞれの目標への生徒の到達への度合いを，どのように測定，評価するのかという計画

　このうち，到達目標は，具体的かつ詳細である必要があります。これは，生徒にとって，この授業を受けることによって何が学べるのか，また，何ができるようになるのかを示すものであるからです。そのため，文法知識のみだけではなく，「〜ができる」というような CAN-DO 形式の行動目標で示すことがよいでしょう。

　また，シラバス・デザインは，指導内容をどの順番で教えるのか計画を示すものです。指導内容の選定においては，ニーズ分析によって明らかとなった言語の使用場面，使用目的，その重要性等を参考に，選択した内容に対してどれだけ詳しく扱うか，どれだけの範囲を扱うのかに関する決定が含まれます。しかし，この何をどの順番で教えるのかに関しては，多くの場合，手元にある教科書が大きな影響を与えます。つまり，教科書では，すでに教科書会社による教科書作成の過程において，各単元のトピックを何にするのか，また，文法に関しても何を取り上げるのかという文法事項の選定とどの順番に提示を行うのかという配列が既に決定されています。教科書を用いて授業を行う際，その選定と配列は目の前の生徒にとって適切なものであるのかを考えることが必要です。無批判に，単に教科書に書かれた順番に沿った授業をすることが，英語教師の役割であるのかという点においても自らの実践を振り返っておくと良いかと思います。

2. 逆向き設計（バックワード・デザイン）でデザインしてみる

　授業の指導計画においては，教科書に沿った形で，各単元を順番に教えていくという積み上げ式に考えることが多いと思います。例えば，1学期には，教科書の単元1〜2を中間試験で，その後，単元3〜4を期末試験で扱うというイメージです。しかし，この場合，教師としては試験範囲を終えることを目的としてしまいがちです。また，生徒にとってもこの範囲でどのような知識や能力が身についたのかが不明であることが多々あります。

【授業のバックワード・デザイン】

　　到達目標　→　評価計画　→　授業内容

　この問題を解決するためのアクティブ・ラーニングの考え方の1つに，「逆向き設計（バックワード・デザイン）」という考え方があります。逆向き設計では，まずカリキュラム・デザインと同様，学期末や学年末，または卒業時に，最終的に生徒に何ができるようになってほしいのか，何を身につけてほしいのか，という教育成果としての到達目標，または学習目標の設定を行うことから始めます。その後，その目標が達成されているかどうかをどのように評価するのかに関する評価計画の設定を行います。この際

には，各目標に適した評価方法を選択することが重要です。そのため，目標に合わせた筆記テストによる評価やパフォーマンス評価を，あらかじめ具体的に設定をしておきます。また，その評価を行う時期やタイミングについても考える必要があるでしょう。

その後，その最終目標に基づいた評価方法で高いパフォーマンスを発揮するために，授業の中で，どのような授業を行うのかを考えることになります。ここでは，あくまで決定した評価方法に基づいて，生徒が到達目標に到達することを目指して，この期間，または，この時間において，何を指導してどのような能力をつける必要があるのかという観点から行います。そのため，単に，試験の範囲を予定に沿って淡々とこなしていくのではないことが大事な考え方となります。

このように，逆向き設計は，系統的，継続的な指導をあらかじめ計画をしておくことであり，教師が何を教えるのかではなく，教師が生徒の学びをどのように導くのかという視点が重要となります。

3. 生徒との共有を行う

目標や計画を立てる上で最も重要なことは，これらの到達目標や指導計画，評価計画を生徒と共有することです。いくら教師が頑張ってこれらの設定をしたとしても，生徒との共有が行われない場合，生徒にとっては学びの道筋がわからないままに，日々の学習を行うという状態となります。その場合，授業で自分が行っている活動が次に何につながるのか，そもそも，今，なぜこの学習を行わなければいけないのかという疑問が生じます。そのため，少なくとも，学習開始時にはこれらの目標と計画を生徒に提示し，今後の授業の流れを一緒に確認する時間を設けるべきだと思います。また，各レッスン終了後や年度末等の機会に応じて，生徒にこれまで何を学んできたのかという振り返りをさせるとともに，今後どのようなことを身につけていくのかという今後の見通しを付け，次の学びに向かうように工夫をしたいものです。

（田頭憲二）

> ☑指導を行う前に，目標や計画を立てることが重要である。
> ☑目標や計画は，生徒と共有する必要がある。

第2節　教師による評価と学習者自身による評価

　評価と聞くとまず思い浮かべるのが，教室内での試験やインタビューテスト等を用いて生徒の成績を付けることかもしれません。しかし，教室外での評価としての生徒の宿題や作文の添削や，授業評価やカリキュラム評価等，さらには学校評価など様々な場面において評価が行われています。

1. 評価者と評価対象

　日常の教育場面と評価は密接に関連しているのですが，授業に関わるものに関して，誰が評価を行うのか（評価者）と誰を評価するのか（評価対象者）に分けた場合，以下のようになります。

評価者＼評価対象	生　徒	教　師
生　徒	• 自己評価／相互評価	• 授業評価
教　師	• 各種テスト	• 研究授業等

2. 生徒自身による評価

　このうち，生徒自身による評価は，自らの評価を行う自己評価と，生徒同士がお互いに評価を行う相互評価に分けられます。

（1）自己評価（self assessment）

　自己評価は，自らの学習状況や到達度について振り返り，そこから，自らの学習成果と今後の学習の調整を行う評価です。例えば，Can-do statement を用いた評価が多く用いられます。これは，「～することができる」というように，現実的な状況における具体的な行動について，生徒自らが判断，申告することによって，英語を用いてできることとできないことを具体的に記述する方法です。ただし，最終的な学習目標との関連を示さないままに，授業後に「楽しかったです」といった生徒の思いや感想，授業

後の理解度等を尋ねるものは，単なる振り返りに留まるという点において注意が必要です。少なくとも，自己評価を行うことで自らの学習を振り返り，そこから次回への課題に気づくことで，次の学びに向けた準備や展望を得るようにさせる必要があります。

　その際，ポートフォリオ評価（portfolio assessment）を用いることもあります。ポートフォリオとは，教育目的に沿い，ある一定期間において収集した学習成果（作品）および評価記録のコレクションのことです。ポートフォリオに含まれるものとしては，テスト，宿題，作文などから，自己評価シート，相互評価シートなど，学習の全ての成果物が含まれます。なお，このポートフォリオでは，最終的な学習成果だけではなく，学習の過程に関する情報を含めることが特徴です。生徒自らに，学習目標や，そのために必要なポートフォリオに入れるものを決定させることで，生徒に主体的な取り組みを促すことも可能です。このポートフォリオに対しては，教師が評価者として，最終的な評価を行うことがありますが，そのコレクションを収集する過程において，自らの学習のあり方を生徒が振り返る（内省）点において自己評価を促しており，生徒自身による自己評価の1つと考えることができます。

（2）相互評価（peer assessment）

　自己評価に対して，お互いに評価を行うことが相互評価であり，ピアフィードバックとも呼ばれます。相互評価では，生徒が何らかの基準に基づいて，他者の学びの状況を確認し，できない部分をできるように改善し，新たな学びにつながるように促すことを目的としています。

　相互評価では，自分とは違った視点からのフィードバックを得ることができます。例えば，他者からの評価を受けることにより，自らのパフォーマンスのどこが良くて，どこが悪かったのか，または，どの点をこれから改善するべきなのかというフィードバックを得ることになりますし，自分では気づいていないことに気づかせてくれるという機能を持ちます。

　また，他者の評価をすることにより，どのようなパフォーマンスが望ましいのかという点について，評価する側も深く理解をすることにもなります。相互評価を行う際は，生徒に評価の規準や基準を十分理解させた上で，取り組ませることが必要です。

3. 評価をするとは

　これらの自己評価や相互評価が授業場面において進められてきた背景には，生徒を単に教師からの評価を受ける受動的な存在として捉えるのではなく，自らが評価者となり，主体的に評価に関わる能動的な存在として捉える評価観があります。つまり，自己評価を行い，他者からの評価を受けることにより，自らの学習を進めることができます。

　中央教育審議会による答申「「令和の日本型学校教育」の構築を目指して〜全ての子供たちの可能性を引き出す，個別最適な学びと，協働的な学びの実現〜」（2021 年）では，「個別最適な学び」という考え方が示されました。これは，一定の目標を全ての児童生徒に達成させることを目指す場合に，個々の児童生徒が自らに適した方法で学習を進めることを支援する「指導の個別化」と，目標そのものを個々の児童生徒が自らの興味・関心等に応じて設定して学習する「学習の個性化」の両方を含む概念ですが，いずれの場合も，教師および児童生徒自身による適切な評価に支えられてこそ実現するものであることは明らかでしょう。

　このように，教育活動としての評価は，あくまで，教師が生徒の成績をつけるということに留まるものではありません。教室場面における生徒自身の評価を行うことは，生徒の学びを支援するために行われる教師による教育活動の一環であることを忘れないようにしたいと思います。

（田頭憲二）

> ☑評価には，教師のみならず生徒自身による評価もある。
> ☑評価とは，生徒の学びを支援するためのものである。

第**3**節　診断的評価と動機づけ

　学習指導要領総則（中学校は平成 29（2017）年，高等学校は平成 30
（2018）年告示）では，学習評価を充実させるための配慮として，「学習者
の良い点や進歩の状況などを積極的に評価すること」，「評価の場面や方法
を工夫して，学習の過程や成果を評価すること」，そして，「指導の改善や
学習意欲の向上を図り，資質・能力の育成に生かすようにすること」が挙
げられています。このように学習評価を充実させることで，評価を指導の
改善に生かすことは「指導と評価の一体化」を意図しています。

　ここから 3 節にわたり，「積極的に評価すること」「学習の過程や成果
を評価すること」「学習意欲の向上を図ること」という点に注目し，単元
の指導と評価の計画をする際に評価の中心的な役割を果たす 3 種類の評
価（診断的評価，形成的評価，総括的評価）を「動機づけ」との関連から
1 つずつ考えてみましょう。次の図は，3 種類の評価（診断的評価，形成
的評価，総括的評価）が単元における一連の指導の中でどのように位置づ
けられるのかを模式的に示しています。

図　3 種類の評価の位置づけ

1. 診断的評価とは

　単元の指導に入る前に行う評価が「診断的評価」です。この評価は，
「英語を使って何ができるようになるか」を示す単元の目標が，学習者に
対して適切な目標となっているかを判断する手段として行われます。学習
者にとって学習が取り組み甲斐があり，わかりやすく，楽しいものである

ためには，目標を学習者自身の努力で乗り越えられるように設定することが重要です。また，目標を設定するということは，その目標を達成させるまでの過程を教師が責任を持ってサポートするということですから，目標を適切に調整するための手段として「診断的評価」は不可欠です。

2. 診断的評価では何を評価するのか

　学習内容は特定の単元の指導だけで理解され定着するわけではありません。さまざまな言語活動に取り組みながら，同じ言語材料を繰り返して使用することによって，徐々に定着します。したがって，指導を始める前に学習者は何ができるようになっていて，何ができないのかを把握しておくことは，目標や言語活動を計画するための貴重な情報となります。

　例えば，新しい単元で「過去進行形」が言語材料として扱われる場合，既習の「現在進行形」の定着率を「診断的評価」を通して探るとします。ここで注意することは，「正確さ」（accuracy）だけでなく「適切さ」（appropriateness）の観点からも見取ることです。「現在進行形」を使う目的や場面，状況を設定した言語活動を通して，「現在進行形を使って」という指示がなくても，自分で判断して使用できるようになっているかどうかを診断するのです。その際に，定着率が低いと判断した場合には，そのための補助的な指導を加えると同時に，新たに設定する目標の調整を行う必要が出てくるようになります。このように「診断的評価」は教師が指導の見通しを持ち，適切な目標の設定をするためには極めて重要な評価なのです。

　また，「診断的評価」は「学習が成立するために必要な学習者側の条件（レディネス）」を整える役割を果たします。学習者は言いたいことが湧き上がるからこそ，実際に英語を使用して互いの考えや気持ちを伝え合うなどの言語活動にも自ら取り組もうとしますし，目標へどれだけ近づいたかを知り，さらに目標に近づくための課題を自分で掘り起こし，その後の学習を自分で調整していくことが求められるのです。

　このような「診断的評価」を欠く授業は，指導と学習の歯車が噛み合わず空回りし続けます。すると，学習者の学習意欲が高まることは期待できず，目の前のテストの点数を上げることが学習者にとっての目標としてすり替えられてしまうのです。

3. 動機づけ

「動機づけ」とは「ある人が自分の課題を行う際に，それを達成しよう
とする気持ち」です。例えば，テストの点数を上げないと困るから英語を
がんばるという種類の動機づけを「外発的動機づけ」，学習自体が目標と
なり，好奇心に満ちて主体的，持続的に学習するという種類の動機づけを
「内発的動機づけ」と分類することがあります。一般的には，テストなど
の外的刺激がなくても学習意欲が維持されるような内発的動機づけのほう
が望ましいとされますが，当初は外発的であったものが内発的なものに次
第に変わっていくこともあります。その変容を導くにはどのような指導改
善が必要かを考えることが大切です。

「学習意欲」と「動機づけ」という言葉はほぼ同じ意味で使われること
があり，「学習意欲」は「内発的動機づけ」に近い意味で使われることも
多いようです。英語は言語能力を高めることを目標とした科目ですが，コ
ミュニケーションに対する不安などによって，当初抱いていた「英語を使
ってみたい」という動機が次第に萎んでしまうこともあります。内発的動
機づけを高めるには，学習者が「英語を使って言いたいことが言えた」と
いう達成感を感じられる言語活動を数多く経験させることが大切です，小
さな成功体験の積み重ねがやがて内発的動機へと変容するからです。

前項で述べた教師による「指導の見通しと適切な目標設定」はまさに
「診断的評価」と「動機づけ」の接点であり，「診断的評価」は学習者が学
ぶ意欲を持ち続けるために行われるべきで，単に学習者の英語力を値踏み
するために行うものではないということを強調しておきたいと思います。

単元の導入時に行われるオーラル・イントロダクションや，帯活動とし
てのチャットや授業者との「やり取り」などは，「診断的評価」の側面か
らも検討する価値があります。そうすれば，何気なく習慣的に行っている
活動にも新たな意味が与えられ，他の優れた実践を「診断的評価」という
新たな視点から観察できるようになるのではないでしょうか。

（小橋雅彦）

☑教師は目標を達成させるまでの過程を責任を持ってサポートする。
☑ 「診断的評価」は目標の調整や学習意欲の喚起に活かされる。

第**4**節　形成的評価と自己調整（セルフ・モニタリング）

　中学校学習指導要領（平成 29（2017）年告示）では，「指導計画の作成と内容の取扱い」において「互いの考えや気持ちを伝え合うなどの言語活動」を行う際は，「言語材料について理解したり練習したりするための指導」を「必要に応じて」行うこととされています。これまで言語活動の 1つとされていた文法項目の練習活動などは指導とされ，言語活動と明確に区別されたことも重要な点ですが，本節では「必要に応じて」の部分に着目します。問題は，指導者が「いつ，どのような方法で」その必要性を捉えるのかということです。例えば，言語活動を行っている学習者の観察を通した直観的な判断から，言語材料について補充指導を行うことがあるかもしれません。しかし，学習指導要領の「必要に応じて」とはそのような偶発的な指導を意味しているわけではありません。すべての指導には意味があり計画性を伴っています。そして，計画性を伴う指導を「形成的評価」が支えるのです。

1. 形成的評価とは何か

　指導過程において，計画的に繰り返し行われる評価を「形成的評価」と呼びます。教師は「形成的評価」から得られる評価情報をもとに学習者の目標への到達度を推し測り，結果によっては言語材料に関する補充指導を行ったり，指導計画そのものを修正したりします。また同時に，形成的評価によって得られた情報は学習者にも還元されます。つまり，指導改善を目的とすることに加えて，学習者が粘り強く学習を進めるための学習支援を目的とした評価でもあるのです。

　形成的評価の方法としては，いわゆる小テストがありますが，小テストがすべて形成的評価というわけではありません。例えば，授業ごとに行う単語テストでも，副教材などから範囲を区切って出題し，授業本体の学習とは関連がない場合や，小テストの結果が点数として記録されるだけで指導や学習の改善に生かされないのであれば，それは形成的評価とは言えません。

2. 形成的評価の位置づけ——指導の改善

　p.230 に示した図の中では,「形成的評価」を「指導と言語活動」の間に位置づけました。位置づけがわかりやすいように模式的に 1 カ所のみに配置していますが,「形成的評価」は学習者の学習状況を目標に即して教師が見取り,その後の学習と指導の改善に還元することを目的として計画的,継続的に行われます。そのためには,学習状況の観察や振り返りシートなどから得られる評価情報を分析する観測地点を,複数指導計画に配置しておくことが「形成的評価」を行う際のポイントになります。

　なお,「評価」という名称ですが,授業中に A, B, C などの観点別評価のための記録を残すのではありません。評価を記録することに一生懸命になり,評価のための指導になってしまっては本末転倒になるからです。文部科学省の評価に関する報告や改善通知等で,「日々の授業の中では学習者の学習状況を適宜把握して指導の改善に活かすことが重要である」とされ,観点別の学習状況についての評価は,「毎回の授業ではなく原則として単元や題材などを内容や時間のまとまりごとに,それぞれの実現状況を把握できる段階で行うなど,その場面を精選することが重要である」と示されているのはそのことを危惧しているのです。

　つまり,前者の「学習状況を適宜把握」するために行う評価が「形成的評価」(教師による見取り)であり,後者の「それぞれの実現状況を把握」するために行う評価が「総括的評価」(本章第 5 節を参照)であると大まかに理解しておいてよいと思います。では,学習者の「学習状況を適宜把握」するための「形成的評価」の手段にはどのようなものがあるのでしょうか。

　例えば,「読むこと」の領域において「あるテーマについてのまとまりのある英文を読んで概要や要点を捉えること」を単元目標の 1 つに設定した場合に,読む力を継続的に育成する視点から,単元を通した帯活動として初見の英文を読ませ,日本語で要点を書かせたり,読み落としてはならない英文を指摘させたりする活動を行えば,概要や要点を捉える力がどの程度身についてきているかを形成的に評価することができます。また,指導や言語活動を行った後に行う学習者による振り返りは自己評価ですが,その評価情報は「形成的評価」として機能します。自らの学習状況をモニタリングさせることで,どの程度「自らの学習を調整」する力が身についてきたかを自己評価を通して教師が見取ることができるからです。

3. 形成的評価の位置づけ──自己調整（セルフ・モニタリング）

　「主体的に学習に取り組む態度」の評価の際には，「粘り強い取組を行おうとする側面」と「自らの学習を調整しようとする側面」という２つの側面から評価することが求められています（本章第６節を参照）。「主体的に」を「自分で」という言葉で解釈すれば，後者の側面は「自分で学習の調整をしているか」どうかを評価するということになります。そして，その評価資料として用いるものの１つが学習者による「振り返り」です。これが，「主体的に学習に取り組む態度」の評価を「知識・技能」や「思考・判断・表現」の観点と一体的に評価を行う際の貴重な評価情報となるのです。

　「振り返り」をさせる際にも，そのやり方をよく考える必要があります。「振り返りシート」などを用いて授業の最後に学習した内容について自己評価をさせることが多いですが，その際に学習内容について漠然とした感想を述べさせたのでは「自己調整」ができるようにはなりません。自分の課題は何か，その課題を乗り越えるためにはどんな工夫をすればよいかに自分で気づくことが重要であり，そのための視点を教師が与えることが必要です。

　また，「自らの学習を調整する」ためには，一段高い視点から自分の学習過程をモニタリングする力（メタ認知能力）が必要です。この力は他者からの誘導によるところが大きいと言われています。つまり，他者の存在を自分に取り込むことによって，自分を客観的にモニタリングできるようになるわけです。例えば，振り返りの内容をペアで読み合ったり，友だちのパフォーマンスを見たり助言を得たりして，「なるほどそういうふうにすればよいのか」と気づかせ言語化させることが重要です。そして，他者のパフォーマンスをじっくりと観察し，良い点を見つけ，そこから見出した意味に自分なりの修正を加えて取り込み，自己を変容していく力を身につけていく学習過程こそが「対話的な学び」であり，「深い学び」の本質であると言えます。

（小橋雅彦）

☑ 「形成的評価」は「記録」ではなく，「把握」が目的。
☑ 「自己調整」には他者の存在が必要。

第**5**節　総括的評価と振り返り（リフレクション）

　総括的評価とは，ある指導過程が終了した後でどの程度目標に到達できたか，つまり「どのような条件下で，どのような英語を使って，何ができるようになったか」を評価することです。よって，評価時期は，「単元や題材などを内容や時間のまとまりごとに，それぞれの実現状況を把握できる段階」で行われます。学習到達目標を設定する領域や評価を行う観点によって，小テスト，単元テスト，定期考査などさまざまな方法を用います。

1.　総括的評価と評価時期
　まず，「総括的評価」を行う時期について見ておきましょう。「内容や時間のまとまりごと」に行うということは，単元末や定期考査の時期が現実的な評価時期であると言えるでしょう。また，複数の単元を通して設定した目標に対しては，各単元末に評価を行うのはもちろんのこと，複数単元を通して指導したことがどの程度定着したかを評価するためには，単元を縦断するパフォーマンス・テストを後日実施することも必要です。
　ただし，複数単元を通した指導で達成させる目標を設定した場合，各単元末に行われる評価は継続的な「総括的評価」である一方で，学習者に学習の調整を行わせながら最終的な目標を達成させることを目的とした「形成的評価」でもあると言えます。つまり，各単元末に行われた「総括的評価」の評価情報が成績評価へと回収，総括されて終わるのではなく，指導改善や学習改善にまで還元される要素を兼ね備えているということです。
　「時間のまとまり」から評価計画を立てる際に，「形成的評価」及び「総括的評価」ではどのような評価方法が一般的に用いられるかを次ページの図に示しました。単元末テストが「総括的評価」であると同時に，複数単元にまたがる「形成的評価」の役割を担っていることに注意してください。

2.　総括的評価の評価方法
　次に，「総括的評価」で用いられる評価方法について少し詳しく見ておきましょう。育成を目指す資質・能力を評価するためには，それぞれにふ

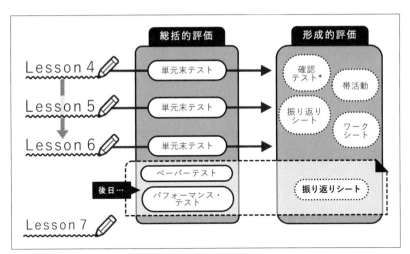

図 「形成的評価」「総括的評価」と評価方法

（注）確認テスト*はそれまでに学習した内容の定着を見取るために適宜行います。

さわしい評価方法があるからです。

　文法規則のような言語材料の理解など「何を理解しているか（知識）」については，おもに「ペーパーテスト」で評価することが可能です。さらに，習得した知識を正確に運用できるかどうか（技能）も「書くこと」の領域であれば「ペーパーテスト」で評価することができます。その際，評価は指導したことを評価するということに注意する必要があります。指導は設定した目標を達成させるために行うわけですから，単元末テストを単語テストなど知識のみに偏した評価で終えてはいけません。例えば，「読むこと」の領域で「概要や要点を捉えること」を目標に設定した場合，言語材料についての知識や技能を評価するだけでは不十分で，初見の英文を読ませ「概要や要点を捉える」力がついているかどうかの評価を単元末テストに含める必要があります。

　また，「話すこと」の領域であれば，実際に英語を使用する言語活動を行わせて，その取組状況から評価する必要があります。指導過程において行う言語活動は，後の指導改善や学習改善に評価情報が還元される「形成的評価」のための評価材料であるのに対し，「総括的評価」では，一連の指導を経た後にその到達度を測ることを目的としますから，コミュニケーションを行う目的や場面，状況を設定し，後日パフォーマンス・テストで

評価する必要があります。例えば，教材のテーマに関するモノローグや教師と学習者の「やり取り」などの言語活動を通して，理解したこと（知識）が正しく運用できているか（技能），または身につけた技能をコミュニケーションの目的や場面，状況に応じて適切に用いているかを評価します。

　さらに，評価では視点を定めることも重要です。「総括的評価」にパフォーマンス・テストを用いる際には，評価の視点（評価規準）と測定の尺度（評価基準）を組み合わせたルーブリックを作成しておくことで，学習の調整に必要な情報を，学習者に対して分析的にフィードバックすることができます。

3. 総括的評価と振り返り（リフレクション）

　教師による「振り返り」とは，指導過程を振り返り，指導計画はどうであったか，どの指導がうまくいかなかったか，その原因は何かなど自分の指導をあらゆる角度から検証することです。つまり，教師が自らの指導と向き合い，課題を掘り起こし，今後の指導に還元することが目的です。一方，学習者が自分で学習過程を振り返り，設定された目標をどの程度達成することができたか，次の課題は何かを自分で言語化する「振り返り」には教師による指導が必要です。しかし，授業のまとめとして「振り返りシート」を配付し，感想などを自由に記述させるだけでは「自らの学習を調整する力」（メタ認知能力）が育たないことは第4節で述べた通りです。

　「振り返り」には，「何ができるようになりましたか」，「どうしてできるようになったと思いますか」，「さらにできるようになりたいことは何ですか」，「どのようにしたらできるようになると思いますか」など，自らの言語使用を肯定的な視点から振り返らせることがポイントです。ルーブリックを用いて自らのパフォーマンスを分析的に評価させることはもちろん大切ですが，評価のフレームを意識し過ぎるあまり，学習改善のための評価を単なる査定で終えてはいけないのです。学習改善に向けた視点とともに「振り返りの余地」を与えて言語化させる中で，自ら課題に気づかせることこそが「振り返り」の指導で大切なポイントです。

（小橋雅彦）

☑ 「領域」と「目標」に見合った評価方法を選択する。
☑ 「振り返り」を査定に終わらせない。

第**6**節　育成を目指す資質・能力と観点別学習状況の評価

　現行の学習指導要領では，目標及び内容が，育成を目指す資質・能力の三つの柱（「知識及び技能」「思考力，判断力，表現力等」「学びに向かう力，人間性等」）で再整理されて示されました。さらに，観点別学習状況の評価の観点はこのことを踏まえて，従来の4観点から3観点（「知識・技能」「思考・判断・表現」「主体的に学習に取り組む態度」）に整理されました。学習指導要領が示す目標と評価の観点の枠組みが揃ったことで，「指導と評価の一体化」が実現されやすくなることが期待されています。

1. 外国語科で育成すべき資質・能力

　まず，外国語科で育成すべき資質・能力のポイントを押さえておきます。すべての教科を通して，つまり教育課程全体を通して育成を目指す資質・能力は，「学習の基盤となる資質・能力」と「現代的な諸課題に対応して求められる資質・能力」の2つに分けて学習指導要領総則で示されています。ここに示されている資質・能力は教科等横断的な視点に立って育成することが求められており，特定の科目だけで育成する能力ではありません。しかし，前者の資質・能力が「各教科の特色を生かし」て育成するとなっていることには注意する必要があります。つまり，外国語科の学習指導要領で示されている目標及び内容は，汎用性のある能力であり，かつ外国語科で育成する固有の能力であるということです。では，外国語科の特色を生かして育成する汎用性のある能力とは何でしょうか。

　総則では，「学習の基盤となる資質・能力」のうちの1つとして「言語能力」が示されています。また，学習活動を支える上でそれが果たす役割の重要さに触れて，国語科とともに外国語科は「言語能力の向上を目指す教科等である」としています。このことから，外国語科では言語能力の向上（コミュニケーションを図る資質・能力の育成）を主な目的としたうえで，汎用性のある能力の育成においては，「外国語によるコミュニケーションにおける見方・考え方」を働かせることが重要であるとしています。外国語科における見方・考え方とは，「外国語で表現し伝え合うため，外国語

やその背景にある文化を，社会や世界，他者との関わりに着目して捉え，コミュニケーションを行う目的や場面，状況に応じて，情報を整理しながら考えなどを形成し，再構築をすること」と示されています。ここには，「どうして外国語（英語）を学ぶのか？」という学習者の素朴な疑問に対する回答の糸口があると考えることができます。

　資質・能力の育成と併せて重要なことは学習評価です。学習評価は学習状況を分析的に捉える「観点別学習状況の評価」と，それらを総括的に捉える「評定」の両方を実施するものとされています。この学習評価は，学習指導要領を踏まえて各学校が設定する「学習到達目標」に準拠して行われます。観点別評価が目標に準拠した評価と言われるのは，このことです。

　「観点別学習状況の評価」は，「学習到達目標」を学習者がどの程度達成できたかを３つの観点から分析的に評価し，得られた評価情報を観点ごとに学期末や学年末に総括します。そのようにして観点ごとに総括された評価結果は「評定」へとさらに総括されるのです。この一連の過程が大まかな学習評価の流れとなります。なお，各観点の評価は授業時間ごとに記録に残すような評価をすることは現実的ではありませんから，「指導計画」とともに，いつどの場面でどのように評価をするのかをあらかじめ決めておく「評価計画」を立てておくことが重要になります。では，外国語科における評価のポイントは何かを観点ごとに確認しておきましょう。

2. 「知識・技能」

　「知識」と「技能」の評価は分けて捉えておくことがポイントです。「知識」は単元で扱われる言語材料と関連づけ，例えば，「現在完了形を用いた表現の特徴やきまりを理解している」などのような評価規準（目標に準拠した学習の状況を評価する視点）を作成し評価します。「技能」は言語材料への理解を基に，知識が正しく運用できているかどうかを評価します。例えば，「聞くこと」の領域では，「現在完了形を用いた表現の特徴やきまりの理解を基に，ALT の先生の自己紹介スピーチの内容を聞き取る技能を身につけている」などの評価規準を設定するのです。そして具体的には，ペーパーテストで「知識」の観点を評価し，リスニングテストで現在完了形が使われている自己紹介スピーチの内容を聞き取る「技能」の観点を評価することになります。

　ただし，単元末テストなどの成績は習いたての文法事項に学習者の注意が向いていますから，実力以上に良好なものになりがちです。しかし，だからといって直ちに「技能」として定着しているとは限らないことには注意が必要です。定着率を正しく評価するには，「現在完了形を用いて…」などの条件を示して話したり書いたりさせるのではなく，ある程度時間が経過した後に現在完了形を使用する必然性のある状況や場面を設定した課題にあらためて取り組ませることによって，学習者が現在完了形を使用する目的を自ら理解して用いている状況を「技能」の観点で評価する必要があります。

3. 「思考・判断・表現」

　言語活動における「技能」の観点の評価は，英語使用の「正確さ」の側面を評価しています。一方，表現内容の「適切さ」の側面は「思考・判断・表現」の観点で評価されます。「適切さ」というのは，学習者に言語活動の「コミュニケーションの目的や場面，状況」などを理解させ，前項で示した例のように「現在完了形を使って…」などと使用する「言語材料」が提示されない状況で，学習者が自ら思考・判断して表現した内容から適切に現在完了形が使用できたことを評価するものです。言語材料は繰り返して使用する中で徐々に定着していきますから，特定の言語材料の使用を促さないパフォーマンス・テストで「思考・判断・表現」（適切さ）の観点を評価すると同時に，「技能」（正確さ）の観点を一体的に評価する必要があるということです。そのために，ある特定の言語材料を指導する単元での指導に留めるのではなく，他の単元においても繰り返し使用させることで定着を図る指導計画を準備しておく必要があるということに注意してください。

　このように「思考・判断・表現」の評価は，知識及び技能を活用して課題を解決するために必要な思考力，判断力，表現力等を身につけているかを判断するのです。また，このような考え方は従来の4観点の評価の枠組みにおいても重視されてきたもので，評価の観点は3つに整理されましたが，評価についての考え方そのものが変わったということではありません。外国語科では，「思考・判断・表現」（適切さ）は「技能」（正確さ）と密接不離の関係にあり，「技能」だけを取り出して評価することはふさわしくないという理由から，「思考・判断・表現」の観点の中で「技能」

を評価してきました。したがって，これまで取り組まれ積み重ねられてきた実践の中で，「適切さ」と「正確さ」をどのように評価してきたかという視点から，参考にする価値のある取組みは数多くあると思います。

4.「**主体的に学習に取り組む態度**」──「**学習の調整**」と「**粘り強さ**」

「主体的に学習に取り組む態度」は，育成する３つの資質・能力のうちの１つである「学びに向かう力，人間性等」のうち，観察などによる観点別学習状況の評価が可能な部分（学びに向かう力）を示した観点です。他者への思いやりなど学習到達目標と直接的な関連のない個人の長所などは成績評価には反映されず，「個人内評価」を通して見取る部分であるとされています。

この観点は従前の「関心・意欲・態度」とされていたものですが，評価の趣旨は同じと言えます。まず，「主体的に」とは「自分で」という意味であり，「積極的に」と誤解しないことが大切です。以前は用語の直観的な理解から，積極的に手を挙げる回数や課題の提出率などを評価していた誤解が少なからずあったことが課題として報告されています。

この観点の評価は，「目標に向けた学習の状況を自分で把握し，自分なりに工夫しながら粘り強く学ぼうとしているかどうか」という意志的な側面（「学習の調整」と「粘り強さ」）を評価します。これら２つの側面はにわかに育つものではなく，文法規則などの習得のための練習や，自分の考えや意見などを述べる言語活動への継続的な取組みの中で時間をかけて育っていきます。

粘り強い取組みの中で「何ができるようになったか，次の課題は何か」に「自分で」気づかせることがこの観点での評価のポイントです。そのための評価資料として，教師による観察だけでなく，「振り返りシート」からの見取りが重要になります。「振り返りシート」に何を書かせるかは重要な指導の一部であるとともに，この観点における評価資料は学習者の学習改善だけでなく教師の指導改善にとっても貴重な資源でもあるのです。

（小橋雅彦）

☑外国語科では汎用性のある言語能力を育成する。
☑ 「正確さ」と「適切さ」の評価場面は一体的である。

ベテラン教師の振り返り

　初任者の頃の私の目には，先輩方は楽々と仕事をこなしているように見えました。そして，経験を積めば，一生通用するような知識や技術をいつか身に付けて，自分も難なく仕事を果たせるようになるだろうと信じていたのです。

　ところが，経験を重ねてわかってきたのは，「教師は一生をかけて教師になっていく」という言葉の意味でした。まず，時代の変化に合わせて，自分自身を作り直し続けなければなりません。また，教科指導や学級担任の業務に一通り慣れれば，次は大きな校務分掌，その次は学校経営の要となる役割や学校外の研究組織の運営というふうに，成長に応じて責任の範囲がどんどん広がります。ベテランになってもいつまでも挑戦の連続であり，教師としての喜びをより多く感じられるような働き方こそ大事だと気づくことになりました。

　ベテランのよさは，知識や経験，教師仲間などの豊富な資源があり，課題解決の力をそれなりにもっていることです。教師がどのようにしてそのような資源や力を得るのかについて，山崎準二（編著）の『教師という仕事・生き方〔第二版〕』（日本標準，2009）には，経験年数に比例してどの教師も同じように成長するわけではなく，様々な関係性の中で多様な成長を遂げる，とあります。そして，その成長の契機となるものとして，教え子や保護者，学校や地域，教育研究活動，学校の同僚などが挙げられています。

　振り返ってみると，私の場合も多くの出会いに恵まれ，影響を受け，そのおかげで教師として歩みを続けています。そして，もし自分にできるのであれば，今度は，次世代の教師の成長の一助となることを目指し，それをひとつの働き甲斐としてもいいのではないだろうか，ベテランと呼ばれるようになって，こう考えるようになりました。そして，相変わらず自信も余裕もありませんが，教師仲間と関わり，共に成長することを大切にしようと思えるようになりました。

（樫葉みつ子）

あ とがき

　ここまで本書を読み通していただけたならば，中学・高校レベルでの英語授業を作るための考え方や技術を，ひととおりは学んでいただいたことになると思います。ひとまず，専門的な英語授業づくりの入り口まではご案内できたのではないかと自負します。一方で，英語授業づくりは，やればやるほど奥の深さが見えてきて，先に進むのが怖くなることもあります。そういった奥行きに，本書はあまり踏み込んでいません。英語教育関連では，他にも優れた専門書がたくさんありますので，ぜひそれらにも当たっていただき，本書で立った入り口から，さらに奥へと歩みを進めていただくことを願います。

　さて，多くの読者には関係のない話で恐縮ですが，少しお付き合いください。本書の目的は，幅広い英語教師や教師志望の学生向けの英語授業づくりマニュアルを提供することです。一方で，編著者を含め執筆陣は，別の動機も共有していました。それは，広島大学で長く教鞭をとられた松浦伸和先生への恩返しです。

　松浦先生は，大阪府の高校の英語教員としてキャリアをスタートさせ，その後，広島大学附属中・高等学校，安田女子大学を経て 1995 年 4 月に広島大学に着任されました。その年に広島大学に入学したのが，今回の執筆陣では，加藤・田頭・西村・山岡でした。我々は，松浦先生に英語授業づくりの手ほどきを受け，大学院に進んでは，学術的な英語教育研究についてもご指導をいただきました。

他の執筆者たちも、教え子、同僚、時には部下として松浦先生の学恩に浴した者ばかりです。

　このたび松浦先生が定年でのご退職をお迎えになるということで、先生に恩義のある者が集まって、感謝とお祝いの思いを表したい、ということになりました。実践、研究、そして教育行政の立場から常に英語教育実践の現場と向き合ってこられた松浦先生なので、我々としても、英語教育実践に貢献できるものを作りたいと考えました。

　本書が松浦先生への恩返し（paying-it-back）、そして次世代への「恩送り（paying-it-forward）」となることを願います。

　「おかげさまで、私たちもここまで来ることができました。まだまだ頼りないとおっしゃるでしょうが、これをもって、私たちからの感謝とお祝いとさせていただきます。」

　最後になりましたが、大修館書店の小林奈苗さんには、『英語教育』誌でのお付き合いに甘えて、企画段階から本書の制作を支え、導いていただきました。小林さんのお力なくして本書はありえませんでした。心より感謝申し上げます。

2022 年 12 月

執筆者代表

山岡大基

引用・参考文献

Adams, W. Royce. (1989). *Developing reading versatility* (5th Edition). Orland, FL: Holt, Rinehart and Winston, Inc.

Been, S. (1975). Reading in the foreign language teaching program. *TESOL Quarterly, 9*, pp. 233–242.

Bygate, M. (1987). *Speaking.* Oxford, UK: Oxford University Press.

Carroll, D. W. (2008). *Psychology of language* (5th Edition). Belmont, CA: Thomson Higher Education.

Jiang, X., & Grabe, W. (2007). Graphic organizers in reading instruction: Research findings and issues. *Reading in a Foreign Language, 19*, 34–55.

Kagan, S. (2001). Kagan Structures and Learning Together—What is the Difference? https://www.kaganonline.com/free_articles/dr_spencer_kagan/ASK13.php

Kagan, S., & Kagan, L. (2004). Thinking skills workbook. Received at Kagan Workshops in Singapore, September 8–9, 2004.

Kehe, D. & Kehe, P. (2004). *Conversation strategies: Pair and group activities for developing communicative competence.* Brattleboro, VT: Pro Lingua Associates, Publishers.

Lange, K. (2018). Analyzing difficulties in aural word recognition for Japanese English learners: Identifying function words in connected speech. 『中国地区英語教育学会研究紀要』, 48, 63–73.

Long, M., & Sato, C. (1983). Classroom foreigner talk discourse: Forms and functions of teachers' questions. In H. Seliger, & M. Long (Eds.), *Classroom-oriented research in second language acquisition*, (pp. 268–286). Rowley, MA: Newsbury House.

Robinson, P. (2010). Situating and distributing cognition across task demands: The SSARC model of pedagogic task sequencing. In M. Pütz & L. Sicola (Eds.), *Cognitive processing in second language acquisition: Inside the learner's mind* (pp. 243–268). Philadelphia, PA: John Benjamins.

青木昭六（編著）（2002）『新しい英語科教育法—理論と実践のインターフェイス—』現代教育社
朝尾幸次郎（2019）『英語の歴史から考える　英文法の「なぜ」』大修館書店
朝尾幸次郎（2021）『英語の歴史から考える　英文法の「なぜ」2』大修館書店
池田　真（2011）「第2章　CLILのシラバスと教材」渡部良典・池田　真・和泉伸一（共著）『CLIL内容言語統合型学習　上智大学外国語教育の新たなる挑戦　第1巻』

（pp. 15-29）上智大学出版

石川道子（2015）『発達障害の世界—子どもの育ちを支えるヒント』中央法規

胡子美由紀（2020）『中学英語　生徒が対話したくなる！　発問の技術』学陽書房

大谷みどり（2020）『特別支援教育の視点でどの子も学びやすい小学校英語の授業づくり』明治図書

大西忠治（1988）『発問上達法』民衆社

荻原　拓（編著）（2015）『発達障害のある子の自立に向けた支援』金子書房

加藤辰雄（2015）『クラス全員を授業に引き込む！　発問・指示・説明の技術』学陽書房

金谷　憲他（編）（2012）『［大修館］英語授業ハンドブック〈高校編〉』大修館書店

河村茂雄（編著）（2017）『学級担任が進める特別支援教育の知識と実際』図書文化

岸田隆之・奥村直史・早坂　信（2002）『歴史から読み解く英語の謎』教育出版

久野　暲・高見健一（2017）『謎解きの英文法　動詞』くろしお出版

佐々木啓成（2020）『リテリングを活用した英語指導　理解した内容を自分の言葉で発信する』大修館書店

関山健治（2017）『英語辞書マイスターへの道』ひつじ書房

高田智子・松井順子・（財）国際ビジネスコミュニケーション協会（2010）『企業が求める英語力』朝日出版社

高見健一（1997）『機能的統語論』くろしお出版

竹田契一（監修）飯島睦美・村上加代子・三木さゆり・行岡七重（著）（2020）『多感覚を生かして学ぶ　小学校英語のユニバーサルデザイン』明治図書

田中茂範（2017）『わかるから使えるへ　表現英文法』（増補改訂第2版）コスモピア

田中武夫・田中知聡（2009）『英語教師のための発問テクニック 英語授業を活性化するリーディング指導』大修館書店

田中武夫・田中知聡（2018）『主体的・対話的で深い学びを実現する！　英語授業の発問づくり』明治図書

田中武夫・島田勝正・紺渡弘幸（編著）（2011）『推論発問を取り入れた英語リーディング指導—深い読みを促す英語授業』三省堂

中央教育審議会（2021）「「令和の日本型学校教育」の構築を目指して〜全ての子供たちの可能性を引き出す，個別最適な学びと，協働的な学びの実現〜」

土屋澄男他（2019）『最新英語科教育法入門』研究社

手島　良（2019）『これからの英語の文字指導』研究社

投野由紀夫（2015）『発信力をつける新しい英語語彙指導—プロセス可視化とチャンク学習』三省堂

独立行政法人 国立特別支援教育総合研究所（2020）『特別支援教育の基礎・基本 2020』ジアース教育新社

西　巌弘（2010）『即興で話す英語力を鍛える！　ワードカウンターを活用した驚異のスピーキング活動』明治図書

能登原祥之（2014）「例文の選定」馬本　勉（編著）『外国語活動から始まる英語教育　ことばへの気付きを中心として』（pp. 145-162）あいり出版

林　桂子（2011）『MI理論を応用した新英語指導法—個性を尊重し理解を深めあう協同学習』くろしお出版

林　洋和（1988）「英語科教員養成に関する問題点と考察—アンケート調査をもとに—」『英語教育研究』（広島大学英語教育研究会）第31号, pp. 1-10.

樋口忠彦・髙橋一幸（編著）（2015）『Q&A中学英語指導法事典』教育出版

深草瑞世（2021）「特別支援教育におけるICT活用—効果的な活用を目指して」『特別支援教育の実践情報』No. 202, pp. 4-7, 明治図書

堀田隆一（2016）『英語の「なぜ？」に答える　はじめての英語史』研究社

村上加代子（2021）『個に応じた英語指導をめざして—ユニバーサルデザインの授業づくり—』くろしお出版

村上加代子（編著）（2019）『目指せ！英語のユニバーサルデザイン授業』学研, p. 65.

文部科学省（2004）「小・中学校におけるLD（学習障害），ADHD（注意欠陥/多動性障害），高機能自閉症の児童生徒への教育支援体制の整備のためのガイドライン（試案）」https://www.mext.go.jp/a_menu/shotou/tokubetu/material/1298152.htm

文部科学省（2007）「発達障害」の用語の使用について（通知）https://www.mext.go.jp/a_menu/shotou/tokubetu/main/002.htm

文部科学省（2010）『生徒指導提要』教育図書

文部科学省（2017）『中学校学習指導要領（平成29年告示）解説　外国語編』開隆堂出版

文部科学省（2015）『平成26年度　英語教育改善のための英語力調査事業報告書』

山岡大基（2014）「高校英語『読むこと』において生徒の読みを促進する発問とは—『内容発問』から『形式発問』へ—」『中国四国教育学会教育学研究ジャーナル』第15号, pp. 41-50.

山本崇雄（2019）『「教えない授業」の始め方』アルク

湯澤正通・湯澤美紀（2017）『ワーキングメモリを生かす効果的な学習支援』学研

若林俊輔・根岸雅史（1993）『無責任なテストが「落ちこぼれ」を作る—正しい問題作成への英語授業学的アプローチ』大修館書店

亘理陽一（2011）「外国語としての英語の教育における使用言語のバランスに関する批判的考察—授業を『英語で行うことを基本とする』のは学習者にとって有益か—」『教育学の研究と実践』第6巻, pp. 33-42.

索引

英語授業デザインマニュアル
©Yamaoka Taiki & Tagashira Kenji, 2023　　　　　　　　NDC 375／x, 253p／21cm

初版第 1 刷——2023年 2 月 1 日

編著者————山岡大基・田頭憲二
発行者————鈴木一行
発行所————株式会社 大修館書店
　　　　　　　〒113-8541 東京都文京区湯島 2-1-1
　　　　　　　電話 03-3868-2651（販売部）　03-3868-2294（編集部）
　　　　　　　振替 00190-7-40504
　　　　　　　［出版情報］https://www.taishukan.co.jp

装丁者————精興社
印刷所————精興社
製本所————難波製本

ISBN 978-4-469-24663-6　　Printed in Japan